Septiembre 26, 2003
Reading, Pensylvania

Los de corazón puro

WITNESS LEE

Living Stream Ministry
Anaheim, CA

Primera edición: diciembre del 2002.

ISBN 0-7363-2060-1

Traducido del inglés
Título original: *The Pure in Heart*
(Spanish Translation)

Publicado por
Living Stream Ministry
2431 W. La Palma Ave., Anaheim, CA 92801 U.S.A.
P. O. Box 2121, Anaheim, CA 92814 U.S.A.

Impreso en los Estados Unidos de América

02 03 04 05 06 07 / 9 8 7 6 5 4 3 2 1

CONTENIDO

PREFACIO

Este libro se compone de una serie de mensajes dados por el hermano Witness Lee, un siervo del Señor, en la ciudad de Taipei en 1950. Estos diez mensajes nos hablan de la manera en que podemos progresar en la vida cristiana; un creyente avanzará siempre y cuando: sea puro de corazón, quite todo lo que cubra la luz de Dios que está en él, confiese sus pecados, suplique por la iluminación divina, se consagre a Dios, mantenga una conciencia sin ofensa, viva delante de Dios y rinda un servicio apropiado en Cristo. Estos mensajes han permanecido ocultos durante medio siglo; ahora que son publicados, la abundancia de vida contenida en ellos será impartida nuevamente.

Capitulo uno

LOS DE CORAZON PURO

En 2 Corintios 3:16 dice: "Pero cuando su corazón se vuelve al Señor, el velo es quitado". El velo concierne al corazón. Aquel que desea ir en pos del Señor y servirle, debe rendirle completamente su corazón. Lamentablemente, hay un problema: una vez que la persona se entrega, trae con ella no sólo su corazón, sino también su propia manera de hacer las cosas. Es imprescindible ver que Dios sólo desea nuestro corazón; todo lo demás tiene que ser desarraigado y quebrantado por El. Todo punto de vista y todo método que tengamos deberán ser quebrantados por Dios, ya que El quiere únicamente nuestro corazón. Desde el principio, Dios ha obrado con un único propósito, esto es, con el propósito de forjarse en nosotros. Por eso, El tiene que ganar nuestro corazón a fin de poder forjarse en nosotros.

EL HOMBRE ESTA COMPUESTO DE TRES PARTES: ESPIRITU, ALMA Y CUERPO

El hombre es un recipiente creado por Dios con el propósito de contener a Dios. Pongamos como ejemplo un vaso. Un vaso es un recipiente hecho para contener agua. Por lo tanto, es inadecuado usarlo para otro propósito. De igual manera, en el universo el hombre es un recipiente especial hecho expresamente para contener a Dios. Si el hombre no tiene a Dios como su contenido, su existencia humana no tendrá ningún sentido, puesto que él fue creado expresamente para que Dios lo use. Sin embargo, ¿cómo puede Dios entrar en el hombre? Proverbios 20:27 dice: "Lámpara de Jehová es el espíritu del hombre, la cual escudriña lo más profundo del corazón". Esto indica que tenemos un espíritu en nuestro ser. En

1 Tesalonicenses 5:23 dice que nosotros, los seres humanos, estamos compuestos de tres partes: espíritu, alma y cuerpo. Por fuera, tenemos el cuerpo, y por dentro, el espíritu; y entre el espíritu y el cuerpo está el alma. El alma es nuestra propia personalidad, nuestro yo, e incluye nuestra mente, voluntad y parte emotiva. Nuestros sentimientos de gozo, enojo, tristeza y deleite, están relacionados con la función del alma perteneciente a la parte emotiva. Nuestras elecciones y decisiones tienen que ver con la función del alma perteneciente a nuestra voluntad. Nuestras ideas y pensamientos se relacionan con la función del alma perteneciente a nuestra mente. Así pues, el alma es el verdadero "yo", aquello a lo cual los psicólogos llaman nuestro ser metafísico, aquella parte de nuestro ser que podemos sentir mas no tocar.

Con frecuencia hay ciertas circunstancias que hacen que el alma de un creyente se sienta triste y afligida; pero aun así, en lo profundo de su ser, éste siente un gozo inefable. Esto prueba que además de tener un alma, tenemos un espíritu en lo profundo de nuestro ser. Por consiguiente, algunas veces estamos tristes, pues tenemos un alma; pero al mismo tiempo, podemos sentir gozo debido a que también tenemos un espíritu. Cuando nuestra alma se siente triste, el Espíritu Santo nos fortalece y genera un gozo interno. Debido a que tenemos tanto alma como espíritu, podemos percibir dos sentimientos distintos. Esto también nos muestra que nosotros, los seres humanos, estamos compuestos de tres partes: espíritu, alma y cuerpo.

LA TRAYECTORIA DE LA VIDA DE DIOS: DEL CENTRO HACIA LA CIRCUNFERENCIA

Dios obra en nuestro ser con el fin de forjarse en nosotros, y lo que El realiza en nosotros se rige por un principio, a saber, El obra desde el centro hacia la circunferencia. Por ejemplo, cuando lanzamos una piedra a un estanque, se producen ondas en la superficie del agua que van desde el centro hacia la circunferencia, y de círculo en círculo. Asimismo, la obra que Dios lleva a cabo en nosotros se realiza desde el centro de nuestro ser, que es nuestro espíritu, hacia la circunferencia, que es nuestro cuerpo. La obra de Dios en nosotros es similar a colorear un círculo. El va añadiendo color gradualmente, comenzando desde el centro y extendiéndose hasta que el círculo esté totalmente coloreado. El desea alcanzar nuestro cuerpo, y lo hace partiendo desde nuestro espíritu.

Fuimos salvos cuando ejercitamos nuestro corazón y nuestro espíritu para recibir al Señor Jesús como nuestro Salvador, y en ese momento, el Espíritu del Señor entró en nuestro espíritu. Como resultado, tenemos a Dios en el centro de nuestro ser. Antes de que recibiéramos al Señor, no teníamos a Dios en nosotros; pero en el instante en que lo recibimos, el Espíritu Santo entró en nosotros, y ahora tenemos a Dios en nuestro ser. En un principio no teníamos a Dios en nuestro espíritu, alma ni cuerpo, pero después de que nos arrepentimos y recibimos al Señor Jesús como nuestro Salvador, Dios entró en nuestro ser y ahora tenemos en nosotros la vida de Dios.

A pesar de que enfrentamos circunstancias externas que hacen sufrir nuestra alma, todavía nos sentimos gozosos y consolados en lo profundo de nuestro ser, pues es allí donde están el Espíritu Santo y la vida de Dios. Esto se debe a que el Espíritu Santo que se halla en nuestro espíritu nos consuela, sostiene y abastece. Sin embargo, el Espíritu Santo sólo está en nuestro espíritu y no ha penetrado aún nuestra alma. En el momento que recibimos salvación, Dios comenzó a operar en nosotros. Ahora El desea extenderse desde el centro de nuestro ser hasta alcanzar la circunferencia del mismo, de tal manera que nuestra mente, voluntad y parte emotiva posean el elemento de Dios. Poco a poco, El desea llenar completamente todo nuestro ser. De esta manera, Dios no sólo estará en nuestro espíritu, sino también en cada parte de nuestra alma. Nuestro gozo, enojo, tristeza y deleite estarán llenos de Dios. Entonces, nuestros puntos de vista serán los de Dios mismo, y nuestro gozo, enojo, tristeza y deleite serán el gozo, enojo, tristeza y deleite de Dios. ¿Cómo es posible esto? Esto es posible porque Dios mismo es quien se expresa en nuestro diario vivir. Esto es semejante a cuando empapamos algodón en tinta roja; la tinta impregna gradualmente el algodón hasta que finalmente éste adquiere el color rojo.

Hoy, aunque tengamos cierta medida de espiritualidad, todavía no somos complemente espirituales. Seremos completamente espirituales sólo cuando la vida de Dios se extienda desde nuestro espíritu a nuestra mente, parte emotiva y voluntad, e incluso a nuestro cuerpo, a fin de que todo nuestro ser sea completamente lleno con la vida de Dios y que nuestro cuerpo sea un cuerpo glorioso. Pero esto se cumplirá plenamente sólo cuando el Señor Jesús regrese. Sólo entonces nuestro cuerpo será transfigurado por completo. En 1 Corintios 15 dice: "Porque es necesario que esto corruptible se vista de incorrupción" (v. 53a). Dios no sólo estará en nuestro espíritu y en nuestra alma, sino también en nuestro cuerpo. Esta es la trayectoria que la vida de Dios sigue al operar en nuestro ser.

EL HOMBRE DEBE COOPERAR CON DIOS Y PERMITIR QUE DIOS OPERE EN EL

Dios desea forjar Su vida en cada parte de nuestra alma, es decir, en nuestra mente, voluntad y parte emotiva. ¿Cómo logra Dios hacer esto? El requisito básico de la obra de Dios consiste en que el hombre debe cooperar con El; el hombre debe permitir que Dios opere en él. Esto no significa que Dios no hace nada, sino que muchas personas simplemente no cooperan con El. Algunos niños, cuando están enfermos, no quieren tomar su medicamento. Cuando sus madres los llevan al médico, a pesar de que éste y las madres esperan que los niños tomen el medicamento, ellos sencillamente se niegan a tomarlo. De manera similar, no es que Dios no desee forjarse en nuestro ser, sino que somos nosotros los que permanecemos reacios y renuentes.

Entonces, ¿qué puede hacer Dios? Los médicos y las madres saben que hay tres métodos para ayudar a un niño a tomar su medicamento. Primero, pueden valerse de "una treta"; pueden endulzar el medicamento para que el niño piense que es un caramelo y, de esta manera, hacer que lo ingiera. Segundo, pueden contentar al niño, ya que cuando esté alegre y satisfecho, estará dispuesto a tomar el medicamento. Todos los médicos y enfermeras se valen de este método para "engañar" a sus pacientes; sin embargo, lo único que ellos desean es ayudar a sus pacientes para que cooperen. Tercero, si el niño se niega a tomar el medicamento, los médicos y enfermeras pueden ponerle una inyección. Este método es el más drástico. Le atan los pies y las manos para vencer toda resistencia y, entonces, le inyectan el medicamento. Para poder llenar lo más profundo de nuestro ser, Dios usa métodos similares a estos. Posiblemente algunas personas pregunten: "¿Usa Dios este tipo de tretas?". En realidad no es que Dios use tretas para engañarnos. El es como los médicos o las enfermeras que aparentemente "engañan" a sus pacientes con el fin de hacerles tomar el medicamento, pero en realidad lo único que intentan obtener es la cooperación de sus pacientes. Dios hace lo mismo; El desea que el hombre coopere con El.

Una pareja de incrédulos fue a estudiar a los Estados Unidos. La esposa, que era la hija de un pastor, tenía dinero y una posición social elevada; no obstante, ella no tenía a Dios, y sufría y sentía un gran vacío en su ser interior. Un día, Dios le dio a esta pareja un hijo muy bueno. Ellos amaban mucho a este hijo y reconocían que Dios se los había dado. La pareja dijo: "Si Dios no nos hubiera dado este hijo, no habríamos podido tenerlo por nosotros mismos". No obstante, ellos recibieron el don pero no al Dios que les dio el don. Ellos amaron al niño, pero no amaron a Dios. Dos años más tarde, el niño se ahogó en un río. La pareja se sintió muy triste, y parecía que había perdido los cielos y la tierra. Fue en ese momento que un creyente vino a ellos y les dijo: "En el pasado, ustedes sólo quisieron al hijo que Dios les dio, pero no a Dios mismo. Ustedes tuvieron un hijo, pero él no pudo consolarlos". Al escuchar esto, la pareja se arrodilló delante de Dios y confesó sus pecados, diciendo: "Oh Dios, perdónanos; en el pasado habíamos oído el evangelio, pero no quisimos recibirte a Ti". Fue así como recibieron al Señor, y Dios pudo entrar en ellos. Con frecuencia Dios permite que nos sucedan cosas similares a éstas, para mostrarnos que le necesitamos.

En Shangai había una hermana que era enfermera. Ella se casó a los cuarenta años de edad y llegó a tener un hijo, al cual ella y su esposo amaban mucho más que a Dios mismo. La condición en la que se encontraba esta hermana era como aquella parte nudosa de la madera que no se puede quebrar fácilmente. Un día, su hijo murió. Muchos hermanos y hermanas fueron a ayudarla. Cuando estaban a punto de poner al niño en el ataúd, la madre lloraba y decía que quería que la pusieran con su hijo dentro del ataúd. Al contemplar tal situación, los hermanos y hermanas se sintieron acongojados sin saber qué hacer. Pero, pocos días después, esta hermana fue a visitar a un hermano y le dijo: "Doy gracias a Dios de todo corazón. El ha hecho lo correcto conmigo". Después de decir esto, prorrumpió en llanto. Si estas cosas no hubieran sucedido, Dios no habría podido entrar en la mente, voluntad y parte emotiva de ella. Sin embargo, ahora Dios llenaba todo su ser.

VOLVER NUESTRO CORAZON A DIOS PARA SER PUROS DE CORAZON

Si Dios desea obrar en nosotros, pero nosotros no cooperamos con El, El usará algunos medios para que estemos dispuestos a cooperar. Aquí vemos que si deseamos que Dios opere en nosotros, tenemos que cooperar con El; de lo contrario, nos veremos en problemas. Pero, ¿cuál es la manera en que cooperamos con Dios? En primer lugar, esto tiene que ver con nuestro corazón. Si queremos cooperar con Dios y permitirle que trabaje en nosotros, primero que todo debemos volver nuestro corazón a Dios, porque los de corazón puro verán a Dios. En la Biblia, un corazón puro se refiere principalmente a un corazón que desea a Dios. La meta de aquellos que son puros de corazón es Dios mismo. Ellos no desean dinero, posición, ropa bonita ni perfumes caros. Ellos tampoco tienen sus ojos puestos en su cónyuge o en sus hijos. El corazón de ellos se halla completamente entregado a Dios. En Mateo dice: "Bienaventurados los de corazón puro, porque ellos verán a Dios" (5:8); y en Salmos dice: "¿A quién tengo yo en los cielos sino a Ti? Y fuera de Ti nada deseo en la tierra" (73:25). Los de corazón puro tienen un corazón tan puro que sólo desean a Dios y nada más que a Dios mismo.

Si los cristianos están dispuestos a permitir que Dios opere en ellos, lo primero que deben hacer es volver su corazón a Dios. Dios no puede trabajar en muchas personas porque su corazón no está puesto en El. No podemos decir que estas personas no desean al Señor, porque verdaderamente sí lo quieren; sin embargo, ellas también quieren algo más aparte del Señor mismo. Las hermanas de mayor edad aman al Señor, pero muchas de ellas también aman a sus hijos, e incluso quieren conseguirles una buena esposa. Hay muchos que, por un lado, aman al Señor, pero por otro, también aman el dinero y buscan ser respetados por los santos. Ellos vienen al salón de reuniones a limpiar las sillas, lo cual muestra que verdaderamente aman al Señor; sin embargo, después de limpiarlas, si los hermanos responsables no les demuestran su aprecio, se sienten molestos. Así que, si decimos que ellos no aman al Señor, seríamos injustos con ellos; pero si afirmamos que ellos aman al Señor, no estaríamos siendo justos delante del Señor. El ser interior de ellos es muy complicado, pero el amor debe ser simple. Una esposa debe amar a su esposo, pero no por el dinero que él le da. De igual manera, los cristianos deben amar a Dios, pero no porque Dios les da dinero. No obstante, muchas personas aman a Dios como Aquel a quien pueden acudir cuando desean algo. Salmos 73:2 dice: "En cuanto a mí, casi se deslizaron mis pies; por poco resbalaron mis pasos". Aun el salmista dijo que por poco resbalaron sus pasos. ¿En qué situación nos encontramos nosotros?

Muchas veces nos quedamos perplejos y nos preguntamos por qué los que son de corazón puro, con frecuencia, no son prósperos, mientras que aquellos que no aman al Señor frecuentemente prosperan. Podemos obtener una clara respuesta a esta pregunta cuando entramos en el santuario de Dios (v. 17). Otras personas solamente obtienen gozo terrenal y paz terrenal, pero los de corazón puro obtienen a Dios mismo. Esto es lo que el de corazón limpio posee. Tenemos que tener en mente que la razón por la que Dios no puede trabajar en nosotros se debe a que nuestro ser interior no está lo suficientemente limpio. Le es difícil a Dios trabajar en nosotros porque nuestro corazón no es puro. Cuando nuestro corazón no es adecuado, nuestra manera de ver las cosas también es incorrecta. Por eso la Biblia dice que cuando nuestro corazón se vuelve al Señor, el velo es quitado (2 Co. 3:16). Es por este motivo que resulta tan difícil ver la obra de Dios en muchos de Sus hijos. El problema de ellos estriba en si tienen su corazón puesto en el dinero y en su familia, o en Dios mismo. No hay provecho en juzgar a otros, ni tampoco sirve sólo estudiar las Escrituras; lo único que nos beneficia es volver nuestro corazón a Dios. Algunas personas tienen la mitad del corazón vuelto a Dios, mientras que otras tienen el corazón totalmente alejado de Dios. Debemos tener en mente que el grado en que nuestro corazón esté entregado a Dios, determina cuánto podrá realizar Dios en nosotros. ¡Ojalá todos nosotros seamos personas cuyo corazón es puro para con El!

Capitulo dos

QUITAR TODO AQUELLO QUE CUBRE LA LUZ

Mateo 5:8 dice: "Bienaventurados los de corazón puro, porque ellos verán a Dios". En 2 Corintios 3:16 leemos: "Pero cuando su corazón se vuelve al Señor, el velo es quitado". Estos dos versículos nos muestran que para que una persona vea a Dios y sea iluminado por El, lo más importante es que ya no tenga ningún velo que le cubra o que quite el velo que le sigue cubriendo. Los de corazón puro verán a Dios debido a que no los cubre velo alguno. Cuando el rostro de una persona está cubierto por un velo, éste tapa sus ojos; pero cuando el velo es quitado, ella podrá ver la luz.

QUITAR EL VELO PARA RECIBIR LUZ

Cuando una persona retira todo aquello que la cubre, verá la luz. Esta afirmación se basa en 2 Corintios 3:16, que nos muestra que siempre que los corintios volvían su corazón al Señor, el velo era quitado. Cuando el corazón de los corintios se alejaba del Señor, el velo permanecía sobre sus corazones; de hecho, ese corazón alejado constituía el velo mismo. Siempre que el velo era quitado y el corazón de los corintios se volvía al Señor, Dios resplandecía sobre ellos. Por lo tanto, si una persona no ve el resplandor de Dios, esto no quiere decir que Dios no resplandezca, sino que esta persona tiene un velo que le cubre. Si un hombre resuelve todo aquello que cubre su corazón, entonces verá la luz. Mateo 5:8 dice que los de corazón puro verán a Dios, y 1 Juan 1:5 dice que "Dios es luz". Por consiguiente, nadie puede ver a Dios sin ver la luz. Dios es luz, y todos los que ven la luz están en Dios y deben estar únicamente en Dios. Sin embargo, lo que Dios exige es que el hombre sea de corazón puro. Ser de corazón puro significa que todo lo que cubría el corazón ha sido quitado. Cuando el corazón de alguien no es puro y está mezclado, esa mezcla llega a ser aquello que lo cubre. Sólo los de corazón puro están libres de todo aquello que cubre su corazón, y sólo ellos podrán ver la luz.

Salmos 73:1 dice: "Ciertamente es bueno Dios para con Israel, para con los de corazón puro". Esta es la conclusión a la que el salmista arribó. En el versículo 16 él dice: "Cuando pensé para saber esto, fue duro trabajo para mí". Pero, cuando entró en el santuario de Dios, él entendió todo (v. 17). Por eso, en el versículo 25 el salmista declara: "¿A quién tengo yo en los cielos sino a Ti? Y fuera de Ti nada deseo en la tierra". Esto es lo que significa ser puro de corazón. Aquel cuyo corazón es puro, va únicamente en pos del Señor en los cielos y su único anhelo en la tierra es el Señor mismo. Ser de corazón puro implica vivir en esta tierra deseando sólo a Dios; vivir sin desear ninguna otra cosa más que a Dios mismo. Cuando nuestro corazón sea sencillo y puro hacia Dios, seremos personas despojadas de toda clase de velo. Por consiguiente, la Biblia nos muestra que para ver la luz, es necesario quitar todo velo.

QUITAR TODO VELO QUE CUBRE LA LUZ

Aparte de Dios mismo, todas las cosas de este universo pueden convertirse en velos para nosotros. En 1 Juan dice que Dios es luz. Por consiguiente, todo lo que no sea Dios mismo, puede impedir que veamos la luz de Dios que está en nosotros. Así pues, todos tenemos que estar apercibidos de que, aparte de Dios mismo, todas las cosas pueden convertirse en velos para nosotros. Sólo Dios es luz, y lo único que jamás podrá convertirse en un velo, es la luz misma. Debemos tener siempre presente que aparte de Dios mismo, toda persona, asunto o cosa puede llegar a cubrir la luz. No debemos pensar que las cosas buenas no pueden convertirse en velos; de hecho, muchas de las cosas que impiden a las personas ver la luz, no son cosas malas, sino buenas.

Por ejemplo, procurar ser espirituales es algo muy elevado. Sin embargo, incluso esto puede reemplazar a Dios y convertirse en un velo que prive a nuestro ser de la luz. Si estamos dispuestos a aquietar nuestro corazón y estar en calma ante Dios, de inmediato nos daremos cuenta de que hay una montaña de cosas que nos cubren, impidiendo que la luz nos ilumine, y que no permiten que veamos lo que es real. Cuando una persona no es pura suele suceder que, aunque ame al Señor, su amor por El es superficial. Esta persona ama al Señor, pero al mismo tiempo, también ama su propia cara. Dicha persona no se ha percatado de que, al amar su dignidad en lugar de amar solamente al Señor, eso se ha convertido en un velo que le impide recibir la luz.

Hay un proverbio que dice: "Los novicios ven lo de afuera; los expertos ven lo profundo". Un vendedor de telas que tenga experiencia, sabrá si una tela procede de los Estados Unidos o de Japón con sólo palparla, sin tener que mirarla siquiera. Del mismo modo, el que sirve al Señor es un experto en "palpar" a las personas; cada vez que alguien acude a él, sin necesidad de que esta persona le diga nada, el servidor experto sabrá de dónde procede tal persona con tan sólo "palparla".

El sentir interno que posee un siervo del Señor es la parte más sensible en lo que respecta a "palpar" a los demás. Por ello, la herramienta más útil para servir a la gente es el sentir que tenemos en nuestro espíritu. Cuando nos acercamos a un hermano, podemos percibir qué clase de persona es sin necesidad de conversar mucho con él. Si deseamos decirle algo, primero debemos sopesar internamente y determinar si esta persona será capaz de acoger nuestras palabras. Si al "sopesar" a esta persona, sentimos que no será capaz de aceptar lo que queremos decirle, entonces es mejor no decir nada.

A veces, las personas vienen a mí pidiendo que les diagnostique su problema, pero por causa de su dignidad, no puedo decirles nada. No debemos suponer que los hermanos que están a cargo de las reuniones de hogar o de los grupos pequeños sean personas con un gran avance espiritual que están dispuestas a dejar todo por el Señor. En realidad, una vez que su dignidad se vea afectada, es posible que les sea difícil seguir adelante. En una ocasión, cierto hermano acudió a mí buscando que yo identificara su problema. Yo sentí que el problema de este hermano era que él amaba demasiado su cara, es decir, amaba demasiado su dignidad; no obstante, yo no podía decirle eso. Puesto que este hermano me instaba a hacerlo, lo puse a prueba para ver si aceptaría alguna declaración al respecto; así pues, le dije: "Su problema es que usted nunca admite sus fracasos". El respondió: "¿Cómo sabe eso?". Le dije que aunque lo conocía por mucho tiempo, nunca lo había escuchado decir: "Me equivoqué". Cuando Dios ha quebrantado y disciplinado a alguien, él estará dispuesto a decir: "Estoy equivocado. Por favor, perdóneme". Pero este hermano respondió: "No estoy de acuerdo". El no estaba dispuesto a perder su dignidad. Este es un ejemplo de alguien cuyo velo le impide ver la luz.

Con el fin de ayudarle, le di un ejemplo, diciéndole: "Una vez, usted emprendió algo con su esposa; aunque era obvio que no podría llevarlo a cabo, usted insistió en actuar a fin de que yo, su esposa y los demás lo viéramos hacer esto". Este hermano respondió: "Ese no fue el caso. Usted ha visto lo opuesto a lo que realmente sucedió". Entonces, yo admití que tal vez no había captado correctamente lo que realmente había sucedido. Por tanto, dos meses más tarde, cuando este hermano vino a mí para que yo identificara su problema, no le pude decir nada. Algunas personas son capaces de renunciar a todo, menos a su propia dignidad.

El problema mayor entre los jóvenes es que se comparan con otros. Si dos personas están trabajando en el mismo lugar y uno es elogiado, el otro se siente molesto. Este sentimiento es un velo que cubre la luz. Si otros son elogiados, sentimos algo; pero si somos nosotros los elogiados, el sentimiento es diferente. Estos sentimientos constituyen velos que cubren la luz y que hacen que nuestro corazón no sea puro. ¿Qué es un corazón puro? Si yo tengo un corazón puro, aun cuando la gente dice que me he equivocado, esto no producirá en mí ningún sentimiento particular; asimismo, los elogios de la gente no despertarán en mí ningún sentimiento especial. Cuando las personas me alaban, no siento nada; y si no me alaban, tampoco siento nada. Yo no busco las alabanzas de los demás, sino que sólo deseo a Dios mismo. Si anhelamos muchas cosas y nuestros deseos son muy complicados, entonces cualquier cosa, incluso nuestra búsqueda espiritual, puede convertirse en algo que cubre la luz. Por ejemplo, a algunas personas les gusta jactarse, así que la jactancia se convierte en un gran problema para ellas. Ciertamente se trata de personas encantadoras y muy educadas, pero debido a que carecen de la luz, simplemente les encanta jactarse. En todo lo que ellos hacen, tienen que jactarse aunque sea un poquito. Esto constituye un velo que los cubre. Si queremos ver la luz, debemos quitar todo velo.

VOLVER NUESTRO CORAZON AL SEÑOR

En 2 Corintios 3:12-18 tenemos una porción maravillosa del Nuevo Testamento. Por una parte, dice que los hijos de Israel tienen un velo, y por otra, que cuando el corazón de ellos se vuelve al Señor, el velo es quitado. Que el velo sea quitado depende exclusivamente de que volvamos nuestro corazón al Señor. Cuando no se quita el velo, no hay luz, pero una vez que el corazón se vuelve al Señor, el velo es quitado. El velo se refiere a todo aquello que nosotros procuramos aparte del Señor mismo. Siempre que nuestro corazón se vuelve al Señor, el velo es quitado. Todos los velos que tenemos se deben al hecho de que nuestro corazón no está puesto en el Señor. Por consiguiente, el versículo 16 dice que cuando nuestro corazón se vuelve al Señor, el velo es quitado. Una vez que volvamos nuestro corazón al Señor y lo deseemos a El de una manera simple y pura, llegaremos a ser personas con un corazón puro. El que es de corazón puro no sabe nada; a él sólo le interesa el Señor. El no desea nada sino sólo al Señor. El que es puro de corazón no codicia nada del mundo, ni tampoco codicia nada de la esfera espiritual. El sí puede decir: "Oh Señor, ¿a quién tengo en los cielos sino a Ti? Y fuera de Ti nada deseo en la tierra". Su corazón es puro y no hay velo que lo cubra. Además, al haber sido quitados los velos que lo cubrían, la luz llega a iluminarle e inmediatamente él puede ver. Es menester que todos nos demos cuenta cuál es nuestro problema. Nuestro problema es que nuestro ser interior no es puro y que todavía está mezclado con muchas otras cosas. Por lo tanto, nuestro corazón necesita volverse al Señor.

Algunas personas posiblemente se pregunten: "¿Cómo sabemos que estamos centrándonos en otra cosa aparte del Señor mismo? ¿Cómo podemos reconocer estas cosas que nos distraen? Y, ¿cómo sabemos que además de centrarnos en el Señor, estamos interesados en algo más?". En realidad, cada uno de nosotros ya lo sabe. Todos los problemas estriban en si estamos dispuestos o no a ser quebrantados y a recibir la disciplina de la cruz. En el ejemplo que mencioné anteriormente, el hermano discutió conmigo y trató de justificarse. Estoy seguro que, mientras argumentaba conmigo, este hermano percibía algún sentimiento contrario en su interior; del mismo modo, en el caso de las personas a quienes les gusta jactarse, ellas sienten algo parecido. Todas estas personas tienen tal sentimiento en su interior, pero la cuestión es si están dispuestas o no a obedecerlo.

En 2 Corintios 3:16 dice: "Pero cuando su corazón se vuelve al Señor, el velo es quitado". El versículo 17 dice: "Y el Señor es el Espíritu; y donde está el Espíritu del Señor, allí hay libertad". Cuando unimos estos versículos, dicen: "Pero cuando su corazón se vuelve al Señor ... y el Señor es el Espíritu". ¿Qué significa esto? El apóstol escribió estos versículos uno después del otro porque sabía que podían preguntarle: "Usted quiere que me vuelva al Señor, pero ¿dónde está el Señor?". El apóstol respondió a esta pregunta indirectamente al decir que el Señor es el Espíritu. Cuando las personas nos preguntan cómo podemos saber si nuestro corazón está vuelto al Señor, podemos responderles preguntando si su ser se siente en libertad. ¿Cree usted que aquel hermano que argumentaba conmigo sentía libertad? Estoy convencido de que cuanto más discutía conmigo, menos libertad tenía. Cuanto más él hacía caso omiso de su sentir interno y refutaba mis palabras, en mayor medida su espíritu era atado. Con el tiempo, llega el momento en que esta persona carece totalmente de luz. Una vez que alguien a quien le gusta jactarse empieza a hacerlo, pierde toda libertad en su ser debido a que el Señor Espíritu, que está en él, ha sido atado. Debemos preguntarnos: ¿Qué preferimos: jactarnos o volvernos al Señor, que ha estado atado en nosotros?

Ciertamente alguien que ama el dinero o a sus hijos más que al Señor, percibe algún sentimiento contrario en su ser. Todos podemos testificar que tenemos un sentir desagradable en nosotros cada vez que amamos el dinero, pues nos sentimos atados y oprimidos en nuestro interior. Así que, cuando oramos, los que nos escuchan saben que algo está pasando: el Señor dentro de nosotros no tiene libertad, está atado en nosotros. Si todavía amamos el dinero o a nuestros hijos más que al Señor, ¿cómo es posible que no nos sintamos incómodos? Pero si estamos dispuestos a volvernos al Señor, quien ha estado atado en nuestro ser, inmediatamente tendremos libertad y la luz nos inundará. ¿Qué nos estorba, y qué cosas buscamos además del Señor? Sin duda alguna, estas cosas nos hacen sentir mal por dentro. Cuando nos sentimos mal o incómodos por causa de cierto asunto, este asunto constituye un impedimento, o sea, es algo que anhelamos además del Señor mismo. Por lo tanto, debemos permitir, sin ninguna reserva, que el Señor lo quebrante.

Cuando vemos el entusiasmo de algunos jóvenes, no podemos negar que aman al Señor y van en pos de El. No obstante, ellos todavía tienen conflictos internos. Aunque todos son diferentes, hay ciertos problemas que son comunes entre ellos. Hace un año, cuando estos jóvenes no estaban deseosos ni entusiasmados de seguir al Señor, ya tenían un determinado problema; y este año, aunque esos mismos jóvenes ahora están deseosos y entusiasmados de seguir al Señor, ellos siguen teniendo el mismo problema. Si están siendo disciplinados en un determinado asunto, el problema fundamental persiste; si ellos luego son disciplinados en otra área de sus vidas, el mismo problema sigue presente. El problema de estos jóvenes es que cuando alguien señala sus errores, ellos siempre tienen una excusa. Aun cuando lo que hayan hecho sea un error obvio, no están dispuestos a reconocerlo como tal. No deben esperar hasta que el Señor regrese para poder decir: "Lo siento, me equivoqué". De hecho, es muy raro oír a un joven decir: "Lo siento, erré". Cuando la gente le señala sus errores, no sólo no están dispuestos a admitirlo, sino que dan muchas excusas. Este es un caso concreto que ilustra lo que es estar cubierto de velos, ya que ellos no están dispuestos a ser iluminados por la luz interna.

Si dejamos de ser iluminados por la luz durante un período prolongado, nuestro sentir interno se desvanecerá y caeremos en tinieblas. Cuando los demás nos hacen ver nuestros errores, debemos estar dispuestos a decir: "Lo siento, es mi culpa. Por favor, perdóneme". Si podemos hacer esto, tenemos el entendimiento adecuado acerca de la luz. No obstante, cuando los demás señalan nuestros errores, es posible que nos justifiquemos y razonemos pensando que nuestras fallas son inevitables; aún más, si nos critican de nuevo, y volvemos a defendernos, esto indica que nuestro ser interior está totalmente cubierto de velos y se encuentra en tinieblas. Cuando los cónyuges discuten en casa, ambos sienten un malestar interno. En verdad, todos deben sentir esto por dentro, pero con el tiempo, debido a que han adquirido el hábito de discutir, ese sentir interno se pierde. Por lo tanto, no debemos afirmar que nuestras acciones son razonables. Incluso cuando hacemos algo razonable no debemos defenderlo, porque aun nuestro propio raciocinio está impregnado con algo del yo. Siempre y cuando veamos la luz y tengamos un sentir interno, debemos aceptar el quebrantamiento y la disciplina que proviene de esta luz. De esta manera, no nos hallaremos en tinieblas.

Es menester arrepentirnos al Señor debido a nuestra incapacidad para ver la luz. En la vida de iglesia, leemos la Biblia todos los días, pero quizás no tengamos luz en nuestro interior. Tenemos la Biblia en nuestra mente, pero no hay luz en nuestro ser. También somos fervientes en nuestro servicio al Señor, pero no hay luz ni realidad en nuestro servicio y no sabemos por qué estamos sirviendo. Además, mientras laboramos, nuestro ser interior esta lleno de confusión y sin luz. Vivimos la llamada "vida espiritual" un día tras otro sin que tengamos una visión espiritual fresca, y percibimos que le falta algo a nuestro ser. Cada día nos levantamos temprano a leer la Biblia. Todos los días visitamos a otros y cuidamos de ellos; con todo, puede ser que no tengamos ninguna revelación fresca ni un sentir fresco en nuestro ser.

No obstante, un creyente que vive delante del Señor debe estar resplandeciente y fresco todos los días. Siempre que él viene al Señor recibe luz, y ésta no es la luz del día anterior, sino la luz fresca que recibió hoy. Su ser interior siempre está claro y seguro de la dirección en su servicio, así como del mover del Espíritu Santo. No sólo conoce la dirección en que se mueve la iglesia, sino que también conoce el propósito que Dios tiene para la iglesia en la tierra. Su sentir interior está siempre fresco y resplandeciente. Esta clase de persona siempre está aprendiendo algo nuevo y es iluminada nuevamente cada día. Cuando otros entran en contacto con él, aunque sientan que no es una persona muy afectuosa, perciben que su ser interior es dócil y fresco, claro como el cristal y transparente. Algunos creyentes, incluso habiendo recibido gracia del Señor, son muy ásperos; el problema de ellos es que su corazón no es lo suficientemente puro para el Señor. Ellos son muy complicados por dentro, así que, cuando se sienten incómodos interiormente, no están dispuestos a aceptarlo. Todos nosotros tenemos un sentir interior, pero, con frecuencia, no recibimos el quebrantamiento que viene con ese sentir. Esa renuencia equivale a rechazar la luz.

"DONDE ESTA EL ESPIRITU DEL SEÑOR, ALLI HAY LIBERTAD"

El hombre no entra repentinamente en las tinieblas; más bien, entra en ellas de manera gradual. La puesta del sol siempre es desde la mañana hasta la tarde, de la tarde hasta el atardecer, y del atardecer al anochecer. No obstante, el anochecer todavía no es el tiempo más oscuro. Todo aquel que entra en las tinieblas, lo hace de una manera gradual, sin darse cuenta de lo que le está sucediendo. Es de esa misma manera, sin cobrar plena conciencia de ello, que el hombre gradualmente se desvía hacia algo que no es el Señor. Este es el resultado de no tener luz en nuestro interior. Por consiguiente, si nos sentimos incómodos o confundidos en cierta área, es en esa área en la que necesitamos que el Señor nos ilumine y nos quebrante. Si el Señor nos quebranta continuamente de esta manera, la luz dentro de nosotros brillará más y más, porque los velos que tenemos en nosotros serán quitados poco a poco.

Por ejemplo, suponga que soy una persona que siempre se está justificando delante de los demás. Si usted viene y me dice algo, y yo le trato de explicar la situación, mi ser interior se sentirá incómodo. En ese momento, yo debería inmediatamente acoger ese sentir, bajar mi cabeza y decirle al

Señor: "Oh Señor, no diré nada; incluso si me malentienden, no diré nada". No debemos desobedecer el sentir y resplandor internos, ni tampoco debemos desobedecer la visión interior. Una vez que el Señor nos da tal sentir, debemos someternos a él. Muchos de nosotros podemos testificar que siempre que somos detenidos por tal sentir, inmediatamente hay libertad en nuestro espíritu. Donde está el Espíritu del Señor, allí hay libertad. Algunas personas siempre preguntan: "¿Cómo sabemos si nuestro corazón está vuelto al Señor?". Sabemos que nuestro corazón está vuelto al Señor cuando nuestro espíritu goza de libertad. Cuando estamos discutiendo con nuestra esposa o esposo y sentimos que nuestro ser interior no se siente libre, debemos inclinar nuestra cabeza inmediatamente y decirle al Señor: "Oh Señor, ya no voy a pelear". Una vez que nos detenemos, nuestro ser interior es liberado, nuestro espíritu es liberado y podemos alabar al Señor. Si somos así todas las mañanas, nuestra vida diaria se mantendrá fresca. Pero, si seguimos discutiendo y desobedecemos este sentir que nos incomoda, me temo que durante todo el día, desde la mañana hasta el anochecer, nuestro ser interior estará confuso y en tinieblas, y nuestro espíritu no tendrá libertad. Cuando nuestro corazón se vuelve al Señor, el velo es quitado.

CAPITULO TRES

EL PRIMER PASO DESPUES DE LA SALVACION: LIMPIARNOS DE LA LEVADURA

LA SALVACION ES EL COMIENZO

Una vez que una persona es salva y se hace cristiana, debe saber qué pasos necesita dar para progresar en la vida cristiana. La Biblia nos dice que después de que un cristiano es salvo, ya tiene la vida de Cristo en él. Sin embargo, recibir la vida del Señor sólo es el comienzo, y no el final. Ser salvo, ser bautizado y poseer la vida de Cristo, es el primer paso de la salvación. Aunque un creyente recién salvo tiene la vida del Señor, esta vida se halla en una etapa superficial; es decir, esta persona todavía no ha progresado mucho en lo que respecta a la vida del Señor. Muchas personas han sido salvas por años. Después de tantos años deberían mostrar un progreso profundo y avanzado en su vida cristiana, pero debido a que no han recibido la debida orientación ni su búsqueda del Señor ha sido apropiada, no han crecido mucho en cuanto a la vida divina. Ellos están continuamente pisando el mismo terreno y andan en círculos. Podemos asemejar esto a alguien que camina en la ciudad de Taipei desde la mañana hasta el anochecer todos los días por cinco años, pero que nunca va más allá de los límites de la ciudad porque todo el tiempo anda en círculos. Camina mucho, pero nunca avanza; gasta mucha energía, pero nunca hace ningún progreso. ¿A qué se debe esto? Se debe a que nunca tomó el camino directo, sino que anduvo en círculos. En contraste, sólo toma pocas horas viajar en tren desde Taipei hasta Kaohsiung porque el camino es completamente recto todo el tiempo. Sin embargo, muchos cristianos no son así. Aunque escuchan mensajes, leen la Biblia y asisten a las reuniones todo el tiempo, todavía no progresan mucho. Ellos eran así hace cinco años, y hoy todavía siguen igual; parecen tener cierto entendimiento de la doctrina, pero no saben nada respecto a la vida del Señor. A pesar de que entienden Génesis 1, Mateo 1 y muchas enseñanzas bíblicas, ellos no conocen los caminos del Señor. Aunque estudian la Biblia y han recibido la vida de Cristo, los caminos del Señor les resultan ajenos. Ellos desconocen por completo lo que significa seguir al Señor y tomar Su camino.

El progreso en la vida cristiana es similar a tomar un tren desde Taipei hasta Kaohsiung, que se encuentra en el sur. Después de la primera estación, Panchiao, está la segunda estación, Taoyuan, y finalmente se llega a Kaohsiung. Todos los que han avanzado en el camino de Señor saben que el camino del Señor es similar. El camino del Señor es de "estación en estación", con diferentes etapas y diferentes pasos.

PERMITIR QUE DIOS REALICE
LA OBRA DE PURIFICACION

Un creyente que desea tomar el camino del Señor, en primer lugar deberá prestar atención a mantenerse completamente limpio y libre de toda contaminación. Por ejemplo, ¿podemos usar inmediatamente una taza que ha sido sacada del basurero? Claro que no. Si queremos usarla, primero debemos lavarla y desinfectarla completamente, y entonces podremos disponer de ella. No podemos usarla hasta que no la hallamos lavado minuciosamente. Si no se lava la taza, ésta no cumple ninguna función ni sirve para nada. De igual manera, nosotros somos como esa taza; si no permitimos que el Señor nos purifique, El no podrá hacer nada con nosotros. Si queremos que el Señor trabaje en nosotros, primero necesitamos que El nos purifique completamente.

Damos gracias al Señor por salvar a tantos de nosotros. Antes de ser salvos, todos habíamos caído en un basurero: el mundo. En verdad, comparar el mundo con un cubo de basura es valorarlo demasiado; más bien, podríamos decir que el mundo es un estercolero. De hecho, el mundo apesta más que un estercolero. Así que, antes de ser salvos, todo nuestro ser estaba contaminado y lleno de "microbios". Nuestros pensamientos y emociones no eran limpios; éramos sucios y malignos por dentro y por fuera. Pero un día el Señor vino; Su evangelio nos fue predicado, Su voz penetró nuestro corazón, Su Espíritu se compadeció de nosotros y fuimos salvos. El Señor nos rescató y nos separó del pecado y del mal. No obstante, aunque hemos sido salvos, todavía seguimos teniendo "microbios" y estamos contaminados. Estas cosas todavía están presentes en nuestra carne y en nuestra conducta. Por consiguiente, el primer paso que debemos dar después de ser salvos, es permitir que Dios nos purifique. Si no le permitimos que nos purifique, no podremos andar en el camino del Señor. Además, si no permitimos que el Señor nos lave, El no podrá operar en nosotros.

Ya sea que hayamos sido salvos recientemente, o que tengamos muchos años de ser salvos, necesitamos prestar oído a este mensaje. Aunque a muchos de nosotros el Señor nos "sacó de la basura" hace muchos años, hasta hoy no le hemos permitido que nos purifique de todos los "microbios" y contaminación que hay dentro de nosotros. Aunque entendamos muchas doctrinas y estemos familiarizados con las normas de la vida cristiana y conozcamos más cristianos ahora que en el pasado, no hemos avanzado. El problema es éste: aunque hemos permitido que el Señor nos "saque de la basura", nunca le hemos permitido que nos purifique y renueve. Dentro de nosotros todavía estamos contaminados y llenos de "microbios". Así que, para que el Señor obre en nosotros, El tiene que esperar nuestro consentimiento. Cuando le damos al Señor nuestro consentimiento, El hará la obra de purificación en nosotros. Si no estamos dispuestos o somos reacios, el Señor no podrá guiarnos ni purificarnos.

GUARDAR LA FIESTA DE LA PASCUA Y LA FIESTA DE LOS PANES SIN LEVADURA

Los hijos de Israel, en el Antiguo Testamento, representan a aquellos que hemos sido salvos por gracia. El hecho de que ellos guardaran la fiesta de la Pascua, nos representa a nosotros quienes hemos sido salvos por gracia. Ellos fueron salvos cuando mataron al cordero y untaron su sangre en el dintel y en los postes de la puerta. Hoy, cuando recibimos al Señor y "ponemos sobre nosotros Su sangre", el juicio y la ira de Dios pasan de largo y recibimos la salvación. Inmediatamente después de la fiesta de la Pascua, los hijos de Israel guardaron otra fiesta que se llamaba la fiesta de los panes sin levadura. Estas dos fiestas se sucedían sin interrupción alguna entre ellas. La fiesta de los panes sin levadura se iniciaba inmediatamente después de la fiesta de la Pascua. Los hijos de Israel guardaban la fiesta de la Pascua al atardecer del decimocuarto día del primer mes del año. La celebración de la Pascua comenzaba esa noche, y la noche siguiente comenzaba la fiesta de los panes sin levadura. Podríamos decir que el comienzo de la fiesta de la Pascua es el comienzo de la fiesta de los panes sin levadura. Por consiguiente, una vez que recibimos la salvación y guardamos la fiesta de la Pascua, inmediatamente después debemos celebrar la fiesta de los panes sin levadura. En 1 Corintios 5 dice: "Limpiaos de la vieja levadura, para que seáis nueva masa, sin levadura como sois" (v. 7a). Esto significa que una vez que somos salvos, debemos limpiarnos, purgarnos, de la vieja levadura. ¿Qué queremos decir con limpiarnos de la levadura? En la Biblia la levadura se refiere a la corrupción. La razón por la cual la masa de harina crece se debe a que contiene levadura. En la levadura hay un elemento "corruptivo" que causa que después de varias horas, la masa de harina se fermente. Así que, la levadura en la harina alude a la corrupción.

Todos los seres humanos caídos llevan una vida corrupta. Algunos se preguntarán: "¿Qué quiere usted decir con una vida corrupta? ¿Cuál es la levadura en nuestro vivir?". Usemos a una persona joven como ejemplo. Todos sabemos cómo son los jóvenes. La mente de un adolescente quizás sea limpia y pura, pero una vez que él entra en la escuela secundaria, es posible que comience a leer novelas de amor. Estas novelas de amor empiezan a entrar en él como levadura, hasta que un día esa levadura se vuelve rancia y mal oliente, haciendo que esta persona, quien originalmente era pura, gradualmente se corrompa por dentro.

Algunos dicen que las películas son buenas y que pueden ser de gran ayuda si se usan con fines educativos. Es cierto que las películas pueden ser muy útiles en ciertos aspectos, pero desafortunadamente, la gente les da mal uso. Todos los padres saben que en la actualidad el mercado está lleno de películas que, lejos de iluminar las mentes de los jóvenes, estimulan en ellos la malicia. Muchas veces, aunque la película en sí misma es buena, el ambiente inapropiado en el que se exhibe ocasiona muchos problemas. No podemos ignorar que algunas salas de cine son más sucias que pocilgas. Algunos jóvenes me han preguntado, muy indignados: "¿Es malo ver películas acerca de ciencia e historia?". No es malo ver películas sobre ciencia e historia si son exhibidas en la escuela, pero no deben ir a las salas de cine, porque esos lugares son inmundos sobremanera.

Para dar otro ejemplo, podemos referirnos a los calendarios. Un calendario es algo bueno e indispensable, pero hay personas que imprimen fotografías indecorosas en ellos. ¿Qué es esto? Esto es levadura suministrada sutilmente al hombre, la cual logra que muchos jóvenes se vuelvan personas rancias y mal olientes. Los médicos y biólogos nos dicen que el mundo entero está lleno de microbios, es decir, está lleno de levadura. Este es un mundo corrupto. Los pensamientos y actos de muchas personas tienen una influencia corrupta. Simplemente por vivir en este mundo corrupto, ya sea que estemos conscientes o no, continuamente estamos siendo contaminados por las cosas infectadas y por los microbios. Cuando fuimos salvos, fuimos librados de la ira de Dios; no obstante, todavía estamos llenos de microbios y corrupción. ¿Cómo puede el Señor, entonces, trabajar en personas como nosotros? No puede hacerlo. Si queremos que el Señor trabaje en nosotros, primero debemos permitirle que nos purifique.

Después de la fiesta de la Pascua, los hijos de Israel inmediatamente celebraban la fiesta de los panes sin levadura. Hoy, muchos cristianos guardan la fiesta de la Pascua, pero muy pocos celebran la fiesta de los panes sin levadura. Un día fui invitado a una fiesta de amor. Cuando entré en la casa, vi algo que me hizo sentir muy incómodo. Si usted siempre vive en un ambiente lleno de aire fresco, tan pronto entra en una casa que carece del mismo, inmediatamente se sentirá muy incómodo. Sus sentidos se habrán hecho muy sensibles y agudos. Pero los que están acostumbrados a vivir en otro tipo de ambiente, no sólo no se percatan de la falta de aire fresco, sino que posiblemente digan que usted es raro. Yo era uno de los invitados ese día, así que sentí que no debía decir nada. Todos estábamos sentados cantando y alabando a Dios, pero allí en la pared había un calendario que exhibía una fotografía indecorosa. Esto era como comer algo sabroso al lado de un estercolero; el sabor era desagradable.

Hoy muchas personas son genuinamente salvas, pero no se han limpiado de la levadura que está dentro de ellas. Si un esclavo de Dios tan pequeño y humilde como yo se siente incómodo al entrar en esa casa, ¿cómo podrá Dios sentirse cómodo allí? Otros cristianos también estaban allí; no obstante, ninguno de ellos sintió nada. Mientras la gente de la casa leía la Biblia, algo inmundo se exhibía en la pared. Esto nos muestra que dicha familia nunca se había limpiado de la levadura ni había andado seriamente en el camino del Señor. Dios no tiene manera de llevar a cabo una obra profunda en esta clase de personas.

EJEMPLOS DE COMO LIMPIARNOS DE LA LEVADURA

Los que hemos sido salvos, debemos tomar este camino con toda seriedad. Antes de ser salvos, a los jóvenes les gusta leer novelas de amor; no obstante, después de recibir la salvación, todas estas cosas deben tirarse o quemarse. Jamás deben regalarles estos libros a sus compañeros de clase, ya que eso no les hace ningún favor, sino que los daña. En 1944 fui a Weihaiwei a predicar el evangelio. La congregación, en su mayoría, estaba compuesta por agentes aduaneros. Casi todas las esposas eran salvas; no obstante, en sus casas tenían juegos de mah-jong y dominós chinos. Después de que fueron salvos, no tenían ninguna paz interior, así que vinieron a buscarme y me dijeron: "Tenemos fichas de mah-jong de muy buena calidad, las cuales cuestan mucho dinero. ¿Qué hacemos con ellas?". Yo les respondí: "¿Por qué vienen a preguntarme esto?". Ellos respondieron: "Porque no tenemos paz". Entonces, les dije: "Si ustedes no sienten paz, entonces ¿por qué aún me preguntan? Si ustedes huelen algo podrido, ¿le preguntan a la gente si deben comerlo? Si ustedes sienten el mal olor del mah-jong, no necesitan preguntar si deben jugar o no". Ellos respondieron: "Entonces, es mejor que se las regalemos a alguien". Regalar las fichas de mah-jong es peor que ser un ladrón. Un ladrón le roba el dinero a la gente y le causa daño por corto tiempo, pero al regalar el juego de mah-jong a otros podríamos arruinar la vida de alguien y dañar a la gente por dos o tres generaciones. Así que, al final regresaron y relataron a los demás lo que les había dicho y juntaron todos los juegos de mah-jong. Entones les dije: "Todos ustedes deben quemar esos juegos de mah-jong como un testimonio para el Señor". Entonces apilaron todas las fichas de mah-jong, y mientras dábamos un mensaje dentro de la casa, en el patio se quemaron todas las fichas de mah-jong, los dominós chinos y los dados. Este es un ejemplo de cómo limpiarnos de la levadura.

En 1938 me hospedé en Pekín con alguien que trabajaba en el Hospital Unión. Un día él me dijo que no sabía si al Señor le agradaba una sombrilla de seda que tenía en la sala. Yo era más joven que él, así que le pregunté muy respetuosamente: "¿Después de haber gastado tanto dinero en ella, por qué piensa que no es buena?". El respondió: "La sombrilla en sí no es el problema; el problema es que tiene unos dragones impresos en ella. ¿Cree usted que en un hogar cristiano deben haber cosas con el dibujo de un dragón?". Entonces le dije que desde el primer día que entré en su casa, siempre que veía esos cuatro dragones, me sentía muy incómodo por dentro. Este hermano tuvo tal consideración debido a que leyó el libro de Apocalipsis. Cuando se enteró de que el diablo es un dragón, se preguntó a sí mismo: "Si pertenezco a Dios, ¿por qué permito que algo de Satanás esté en mi casa?". Satanás es un engañador. Es por eso que hoy en día muchas personas no sólo tienen dibujos de dragones, sino que también tienen adornos de dragones, danzan el baile del dragón e incluso usan ropa bordada con dragones. Los dragones los tienen completamente fascinados.

En 1936, cuando estaba en Tianjin, una hermana nos invitó a algunos de nosotros a cenar. El esposo de esta hermana, quien era un arquitecto famoso, no estaba en casa ese día. El techo del comedor de su casa estaba pintado con dragones. Cuando nos sentamos a la mesa, ella dijo que se sentía incómoda siempre que comía en ese comedor. Le pregunté por qué, y ella me dijo que era a causa de los dragones que estaban pintados en el techo. Entonces le pregunté por qué no le gustaban los dragones si a todo el mundo les gustaba, ya que muchas personas tienen la imagen del dragón, ya sea en sus teteras o en sus vestidos. Ella me respondió que por ser una hija de Dios no debería permitir que tales cosas estuvieran en su casa, pero como su esposo no los quería quitar, ella no podía hacer nada. La consolé y le dije que si no depende de nosotros, entonces no debemos preocuparnos.

Puesto que somos salvos, debemos permitir que el Señor nos ilumine para que nos demos cuenta si hemos hecho mal o tratado injustamente a alguien. Si es así, debemos resolver por completo todos los problemas que tenemos con la gente. Además, si hemos adquirido algo injustamente, ya sea de nuestros parientes o en el trabajo, tenemos que remediar esa situación por completo. Si estamos dispuestos a ir al Señor y a examinarnos por dentro, nos daremos cuenta de que todo nuestro ser está lleno de levadura. Una vez, el doctor F. B. Meyer, un estadounidense, fue a Inglaterra a predicar. El dijo que un cristiano no podía ser bendecido si sólo escuchaba sermones día tras día, pero no estaba dispuesto a ser disciplinado ni sentía nada por dentro cuando le robaba dinero a su jefe o malgastaba los fondos de la compañía. Después de aquel sermón, todos los giros bancarios de las oficinas de correos se vendieron en pocas horas. ¿A qué se debió esto? Esto se debió a que muchas personas, después de ver su propia injusticia, fueron a comprar giros bancarios para pagar el dinero que habían tomado indebidamente. En esa reunión, el doctor Meyer usó como ejemplo a un joven. El dijo: "Este joven le robó tres libras y dieciocho chelines a su amo, y hasta el día de hoy no ha devuelto ese dinero". Y luego le preguntó al muchacho: "¿Tienes paz por dentro?". Poco después, alguien invitó a cenar al doctor Meyer. Aquel joven estaba allí esperándole y le dijo: "Hace algunos años yo de verdad le robé a mi amo tres libras y dieciocho chelines, y no tengo paz por dentro. Así que, compré un giro por tres libras y dieciocho chelines y lo puse en un sobre para enviárselo a mi amo. Dígame por favor, ¿hice bien?".

Una vez, Charles Spurgeon usó un ejemplo en su prédica,

diciendo: "Aquí hay un joven que tiene unos guantes robados; él los debe devolver". Cuando él dijo eso, lo dijo sin ningún motivo en particular, pero después del mensaje un joven se acercó a él y le dijo: "Le robé estos guantes a mi amo, ¿cómo lo supo usted?". Spurgeon respondió: "Yo no sabía nada al respecto. Cuando estaba dando el mensaje, simplemente me sentí inspirado a decirlo". El problema de muchos creyentes no es la salvación, sino que nunca han resuelto el asunto de las posesiones adquiridas injustamente. Si queremos seguir al Señor seriamente, debemos eliminar todos los ídolos, deshacernos de las tablas de nuestros ancestros chinos y devolver todo objeto robado que tengamos en casa.

Hace muchos años, en Kaifeng, provincia de Honan, había una hermana que tenía una imagen de Jesús en su casa. Todos los días ella se inclinaba para adorar esa imagen y tenía la costumbre de darle como ofrenda una porción de todo lo que comía. Con el tiempo, ella fue poseída por los demonios. Una hermana que la conocía me escribió y me preguntó: "¿Podemos adorar una imagen de Jesús? ¿Por qué esta hermana está poseída por los demonios si ella adoraba la imagen de Jesús?". Yo le contesté que no debemos adorar ni siquiera una imagen de Jesús. Tenemos que usar nuestro espíritu para adorar a Jesús. El Evangelio de Juan nos muestra que cuando adoramos al Señor en espíritu y con veracidad, El nos acepta. No debemos adorar ninguna imagen, ni siquiera la imagen de Jesús, porque hay demonios detrás de esta clase de imágenes, incluso detrás de la imagen de Jesús.

DEBEMOS SER UN MATERIAL PURIFICADO EN LAS MANOS DEL SEÑOR

Necesitamos orar mucho y volvernos a Dios. Tenemos que permitir que El nos ilumine y nos muestre si hay algo en nuestra casa, en nuestro ser o en nuestro entorno que le sea desagradable. Por ejemplo, antes de ser salvas, algunas personas no amaban a sus suegras porque ellas les ocasionaban muchos sufrimientos. Sin embargo, al recibir la salvación, esa antipatía deberá desaparecer, al igual que la aversión que algunas suegras sienten a veces hacia las nueras. En suma, si alguien no nos agrada o tenemos algo en contra de alguien

—ya sea un familiar, amigo o colega—, debemos confesar y remediar cualquier conflicto que exista entre ellos y nosotros. De esta manera, aun sin predicar el evangelio, ellos se salvarán al ver nuestro comportamiento.

Habiendo creído en el Señor, una hermana perdía su paz cada vez que recordaba cómo solía maltratar a su nuera antes de ser salva. El deseo de esta hermana era que su nuera fuese salva, pero no se atrevía a predicarle el evangelio. Así que, ella vino a verme, y yo le dije: "Puesto que usted hostilizaba a su nuera antes de haber sido salva, ¿cree usted que ahora ella le escuchará? Tiene que confesarle sus errores". A lo cual, ella respondió: "¿Cómo podría hacer eso si soy la suegra?". Entonces le pregunté si prefería escoger al Señor o proteger su dignidad, si prefería que su nuera fuera salva o que se fuera al infierno. Ella respondió: "En el pasado yo la hostilizaba a ella, pero ¿qué haré si yo le confieso esto a ella, y después ella me hostiliza a mí?". Le dije que debía confiar en el Señor para que le concediera gracia en este asunto. Pocos días después regresó y me dijo: "Después de confesar mis errores a mi nuera, ella lloró y yo también. Después, las dos nos arrodillamos y oramos juntas, y ella fue salva". ¿Pueden ver esto? Algunas veces la gente puede ser salva sin que le prediquemos el evangelio. Nosotros podemos ser muy descuidados, pero no nuestro Dios. No debemos ser descuidados o excusarnos en estos asuntos; por el contrario, debemos limpiarnos cuidadosamente de toda la levadura. De esta manera, un día todo nuestro ser será completamente limpio y libre de toda contaminación por dentro y por fuera. Además, todas las cosas en nuestra familia serán limpias. Una persona que es libre de toda contaminación es un material purificado en las manos del Señor.

CAPITULO CUATRO

CONFESAR NUESTROS PECADOS
Y ORAR PIDIENDO ILUMINACION

TOMAR MEDIDAS CON RESPECTO A
LOS PECADOS INTERNOS Y EXTERNOS

Después de recibir la salvación, si queremos progresar en cuanto a la vida divina, debemos limpiarnos cuidadosamente de toda levadura. Esto implica enfrentarnos con toda situación que sea impropia ante los ojos del Señor, así como con todo aquello que el Señor condena. Sin embargo, no sólo debemos tomar medidas con respecto a todas estas cosas externas, sino que además, desde lo profundo de nuestro ser, debemos confesar delante del Señor todos nuestros pecados internos.

El hombre siempre ha tenido más problemas internos que externos. Es posible que una persona manifieste muchos problemas externos censurables, pero sus problemas internos y la maldad de su ser exceden en gran medida aquello que se manifiesta exteriormente. Sus problemas externos meramente tienen que ver con su conducta, pero sus problemas internos están relacionados con su mente, sus opiniones, y aún más, con su yo. Es posible que una persona esté llena de maldad interiormente, y sin embargo, no lo manifieste exteriormente. Con esto queremos decir que una persona puede estar llena de pecados por dentro, y sin embargo, exteriormente, no comportarse de una manera pecaminosa. En el interior del hombre hay pecado, iniquidad y tinieblas; no obstante, exteriormente, tal vez ninguna de estas cosas parece manifestarse en manera alguna. Por consiguiente, si una persona desea crecer en la vida divina después de haber recibido la salvación, debe tomar medidas con respecto a los pecados externos y a las situaciones impropias; pero, sobre todo, debe acudir continuamente al Señor para hacerle frente a su verdadera condición interna. Cuando Dios nos disciplina y nos purifica, su atención está puesta en nuestro ser interior.

Externamente, una persona puede comportarse correctamente, y al mismo tiempo, ser malvada e injusta internamente. En los evangelios el Señor reprendió a los fariseos, diciendo: "Sois semejantes a tumbas blanqueadas, que por fuera se muestran hermosas, mas por dentro están llenas de huesos de muertos y de toda inmundicia" (Mt. 23:27). Esto quiere decir que algunas personas son como tumbas blanqueadas: parecen hermosas por fuera, pero no quieren que los demás conozcan su verdadera condición interior ni permiten que los demás vean la suciedad que tienen por dentro. El comportamiento externo del hombre generalmente es censurable, pero es mucho más censurable su maldad interna. La necesidad interna del hombre es mucho mayor que su necesidad externa. Muchas veces, después de ser salva una persona puede parecer, externamente, muy bondadosa y casi sin defectos; no obstante, después de dos o tres años, sigue sin haber crecido mucho en la vida divina. Esto se debe a que tiene un problema que no es externo, sino interno. Su comportamiento externo es impecable, pero su ser interior es maligno. Con respecto a nuestra conducta externa nos conducimos, mayormente, delante de los hombres; pero con respecto a nuestro ser interior, estamos delante de Dios mismo. Así pues, los hombres deben confesar no solamente sus pecados externos sino, aún más, sus pecados internos. Cuando Dios resplandece sobre nosotros, El no sólo resplandece sobre nuestra conducta externa, sino también sobre nuestro ser interior.

DIOS NOS ILUMINA
PARA QUE CONFESEMOS NUESTROS PECADOS

Algunos han sido salvos por mucho tiempo; sin embargo, nunca han dedicado un tiempo específico para confesar sus pecados a Dios. Todos nosotros confesamos que el Señor Jesús es nuestro Salvador, pero es posible que hasta el día de hoy no hayamos confesado a Dios nuestros pecados internos. Quizás algunos digan que no se sienten pecaminosos. Por supuesto, lo que han dicho no es mentira; es cierto que una persona puede estar llena de pecados y, aún así, no tener la sensación de ser pecaminosa. Según los hechos, ella está llena de pecados; sin embargo, conforme a su sentir, no percibe que es pecaminosa. Ante Dios, está llena de pecados, pero según su percepción interna, no tiene sentir alguno de ser pecaminosa.

Cierto día en Shangai, entré en la oficina de la iglesia y todos se rieron de mí al verme. Les pregunté qué pasaba. Entonces un hermano me llevó a un espejo y vi que me había ensuciado sin siquiera darme cuenta de ello, pues no supe cuándo ni cómo sucedió. Es cierto que me había ensuciado, pero conforme a mi sentir, creía que estaba limpio. Muchas personas son así delante de Dios. De hecho, están llenas de impurezas, pero piensan que son buenas. Sus sensaciones o percepciones internas no tienen nada que ver con la realidad. En la Biblia hay muchos ejemplos de esto. Antes de conocer a Dios, uno piensa que es bueno, pero después de entrar en contacto con Dios, inmediatamente uno se da cuenta de que es malo. ¿Por qué sucede esto? Esto se debe a que Dios es luz, y a que Dios es como un espejo. Todo el que ve la luz se da cuenta de que es pecaminoso delante de Dios. La razón por la que una persona puede ver cualquier cosa, incluyendo su rostro, es porque hay luz. Por ejemplo, si una casa está oscura y no tiene luz, aunque esté llena de basura, nadie percibirá que está sucia. Pero tan pronto entre un rayo de luz en la casa, podremos ver con claridad. Si la luz es lo suficientemente intensa, hasta podremos ver el polvo claramente. Por medio de un microscopio, las bacterias pueden verse claramente, y nada puede pasar desapercibido. Muchos doctores dicen que bajo una luz intensa y un microscopio potente, todo lo que se ve parece sucio.

Toda persona es pecaminosa delante de Dios, pero no todos pueden percibir lo pecaminosos que son. En el Antiguo Testamento, cuando una persona se acercaba a Dios, inmediatamente percibía su propia pecaminosidad. Cuando el profeta Isaías fue iluminado, inmediatamente se dio cuenta de que era inmundo. Cuando un serafín desde el cielo dijo: "Santo, santo, santo", Isaías dijo: "¡Ay de mí! que soy muerto; porque siendo hombre inmundo de labios, y habitando en medio de pueblo que tiene labios inmundos..." (Is. 6:3, 5). Hay por los menos cuatro áreas de nuestro ser en las que somos inmundos: nuestro labio superior, nuestro labio inferior, nuestra lengua y nuestra garganta. Tal vez algunos digan: "Eso no es cierto; mis labios, mi lengua y mi garganta están muy limpios". No obstante, cuando llega el día en el que verdaderamente somos iluminados por Dios, vemos que no hay otra parte en nuestro cuerpo más pecaminosa que nuestros labios.

No importa quiénes seamos, tan pronto Dios se nos acerca, habremos de confesar nuestros pecados. Incluso dos horas no son suficientes como para confesar todos nuestros pecados. Aunque no sabemos cuántos pecados nuestra lengua y nuestros labios han cometido, sí sabemos que hemos dicho cosas que no debíamos haber dicho, y que aquello que dijimos frecuentemente iba mezclado con algo de maldad e iniquidad. Si los labios de una persona son limpios, entonces la persona es limpia. Incluso hoy, ¿quién no ha pecado con sus labios en el lapso transcurrido entre la mañana y este mismo momento? Muchos dirán que están bien y que no han pecado. Sin embargo, cuando alguien verdaderamente está en contacto con Dios percibirá inmediatamente que, lejos de pecar sólo en contadas ocasiones, ha estado pecando continuamente, apilando montañas de pecados. Así pues, después de haber confesado algunos de sus pecados, todavía tendrá mucho que confesar. De hecho, siempre habrán muchos más pecados que confesar.

Alguien a quien estuve predicando el evangelio, me confesó que antes de su salvación él creía ser un perfecto caballero; y tengo que admitir, que él se comportaba como tal. Pero un día se enfermó y comenzó a padecer una diversidad de dolencias: presión alta, problemas cardíacos y pulmonares, etc. A pesar de haber permanecido un tiempo considerable en el hospital, seguía sin recuperarse. Un día se sintió verdaderamente desesperado y, tendido en su lecho, empezó a preguntarse qué clase de persona era él. Cuanto más pensaba en sí mismo, más se convencía de que era un buen hombre; y cuanto más profundamente se examinaba, más consideraba de que era una buena persona. En aquel momento, sin embargo, vio una Biblia cerca de él. El aún no había creído en Jesús ni sabía lo

que era la salvación; así pues, al abrir la Biblia y leerla breve-
mente, de improviso descubrió que efectivamente había
algo malo en su ser, algo que él nunca había visto antes. Se
dio cuenta de que un pensamiento suyo no era correcto, así
que decidió confesar su pecado a Dios. En cuanto confesó su
pecado, le sobrevino un segundo sentimiento que lo condujo a
confesar otro pecado; luego surgió un tercer sentimiento y,
así, confesó un tercer pecado; después, un cuarto y un quinto.
Estuvo confesando sus pecados de esta manera hasta perder
la cuenta. Después de haber transcurrido un tiempo confesando, vio que no debía seguir confesando sus pecados tendido
en la cama, así que se levantó para arrodillarse a un costado de
su cama; después de haber confesado más pecados, dejó
de apoyarse en la cama y se tendió en el piso para confesar,
con lágrimas, sus muchos pecados. Durante por lo menos tres
horas, sentía que cuanto más pecados confesaba, más pecados tenía para confesar. En el pasado, él no tenía ningún
sentimiento que le indicara que estaba mal, pero aquel día
percibió algo completamente distinto. Al comienzo, sólo sintió
que estaba un tanto errado. Pero una vez que hizo su primera
confesión, un segundo pecado vino a su mente; y luego que
hubo confesado este segundo pecado, fue hecho consciente de
un tercer pecado. Continuó confesando sus pecados y llorando
a causa de ellos, hasta perder la noción del tiempo. A pesar de
que se trataba de una persona de carácter y que había obte-
nido grandes logros en su profesión, ¡esta persona fue salva! Y
su experiencia de salvación no fue algo superficial, sino que
fue una experiencia profunda en la que confesó todos sus
pecados.

La historia de Pedro consta en el capítulo cinco del Evangelio de Lucas. Al principio Pedro no se dio cuenta de que era
pecador, pero cuando el Señor lo iluminó, inmediatamente
dijo: "Apártate de mí, Señor, porque soy hombre pecador"
(v. 8). En el Antiguo Testamento, Job fue alguien que tampoco
estaba consciente de sus pecados hasta que Dios lo iluminó. Sus
tres amigos le dijeron que seguramente él había pecado
delante de Dios, pero Job no estaba de acuerdo con ello y
quiso discutir con Dios para ver cuáles fueron sus pecados
(Job 5—6). Esto nos muestra que Job estaba en tinieblas; él

nunca había tocado a Dios ni visto la luz. Pero, al final del libro de Job, él conoció a Dios y le dijo: "De oídas te había oído; mas ahora mis ojos te ven. Por tanto me aborrezco, y me arrepiento en polvo y ceniza" (42:5-6). ¿Por qué se arrepintió? Porque vio su propia inmundicia. En la presencia de Dios, se pone en evidencia cuán sucios e inmundos somos todos. La persona que toca a Dios descubre su propia inmundicia, y uno a quien Dios ilumina, descubre su impureza; pero el que nunca ha tocado a Dios ni ha visto la luz, aunque sea inmundo y esté lleno de impureza, no tiene ningún sentir respecto a su propia inmundicia. Cada vez que una persona toca a Dios, ve que está llena de pecados y que el pecado forma parte de su constitución.

Hace más de mil quinientos años, hubo un hombre llamado Agustín. Este hombre tuvo una juventud disoluta, pero su madre amaba al Señor con devoción y siempre intercedía por su hijo. Cierto día, repentinamente, a Agustín le sobrevino un sentimiento que le hizo preguntarse por qué vivía en libertinaje sin volverse a Dios. En ese momento, se arrepintió. Para su sorpresa, ese día descubrió que cuanto más pecados confesaba, más pecados tenía para confesar. Aparentemente, antes de comenzar a confesar sus pecados, Agustín no tenía mucho que confesar; pero, cuanto más confesaba, más graves y abundantes eran sus pecados. Posteriormente, Agustín escribió un libro al cual tituló "Confesiones", en el cual describe sus experiencias con respecto a la confesión. Agustín llegó a confesar sus pecados al grado que pudo decir algo así como: "Dios tiene que perdonarme aun por el remordimiento que siento en mis confesiones; incluso las lágrimas que derramé con tristeza por mis pecados, tienen que ser lavadas por la sangre preciosa de Cristo". ¿Se puede usted imaginar cuán exhaustivamente Agustín confesó sus pecados? A pesar de que ya había confesado todo, aún así, sintió que el Señor tenía que perdonarlo incluso por el remordimiento que sentía al confesar.

La persona que está en la presencia de Dios y está en contacto con El, necesariamente percibirá cuán pecaminosa es. Cuanto más confiese sus pecados, más consciente estará de su propia inmundicia; cuanto más conciencia tenga de su inmundicia, más se acercará a Dios; asimismo, cuanto más se acerque a Dios, más pecaminosa se sentirá. Todo el que es salvo, desde el momento en que Dios lo guía a tomar este camino, deberá pasar por esta experiencia. Desde el momento en que fuimos salvos hasta el día de hoy, ¿hemos realizado una confesión exhaustiva ante Dios? Esta es una cuestión muy seria. Son muchas las personas que verdaderamente experimentaron la salvación, pero hay que preguntar si alguna vez confesaron exhaustivamente sus pecados.

Después de ser salvo, la primera vez que hice una confesión exhaustiva de mis pecados no fue sólo por una hora o dos, sino por mucho tiempo. Dios me iluminó al grado que incluso el sentarme me hacía sentir culpable. Parecía que al decir sí, pecaba; y al decir no, también pecaba. Todos nacimos inmundos. Cada uno de nuestros pensamientos e intenciones es inmundo. Cuando un bebé nace y sólo balbucea, tiene una boca pura; pero en cuanto aprende a hablar, su boca deja de ser pura. Después que el niño comience a asistir a la escuela primaria, sabrá hacer gestos de desagrado cada vez que usted le pida hacer algo. Luego, cuando él le hable, usted ya sabe que lo hace con segundas intenciones. Cualquier palabra que se pronuncia con segundas intenciones, es una palabra inmunda.

Desde 1931 he estado confesando mis pecados casi todos los días. Un día, yo estaba muy molesto por cierto asunto y lo confesé a Dios. Después de que terminé de confesar, vinieron a mi mente dos frases que nunca antes había escuchado. En respuesta a ello, oré así: "Oh Dios, ante Ti, no sólo soy sucio, sino que soy un montón de inmundicia. Yo no soy una persona limpia que se ensució y se volvió inmunda, sino que, Señor, mi ser mismo está constituido de inmundicia. Oh Dios, no solamente soy falso, sino que todo mi ser está constituido de falsedad". Dios me iluminó al grado que pude reconocer que la inmundicia y la falsedad son parte de mi constitución. Esto fue lo que me iluminó. No sólo somos pecaminosos, sino que el pecado es un elemento constitutivo de nuestro propio ser. Cuando Dios nos ilumina, inmediatamente vemos nuestra inmundicia y maldad. Si nunca le hemos permitido a Dios que nos ilumine, entonces, a los ojos de Dios, no hemos dado ni siquiera un paso ni progresado en lo más mínimo. Cada vez que Dios desea que demos un paso más, El primero ha de iluminarnos y limpiarnos. Cualquiera que no haya sido iluminado detalladamente —independientemente de cuánto tiempo haya sido salvo, de cuánto entendimiento doctrinal tenga y de cuánto conozca la Biblia—, si bien es salvo, nunca ha dado un solo paso en los caminos de Dios. Al iluminarnos, el primer paso que Dios da siempre consiste en purificarnos exhaustivamente.

LA CONDICION EN LA QUE SE ENCUENTRAN LOS QUE SON ILUMINADOS

Las personas sobre quienes la luz resplandece pueden encontrarse en una diversidad de condiciones cuando son iluminadas por Dios. Algunas personas, después de haber sido salvas, no tienen un corazón que va en pos del Señor, y como resultado, cuando están contentas, asisten a las reuniones de la iglesia y oran; pero si se sienten deprimidas, dejan de reunirse y dejan de orar. Sin embargo, con frecuencia sucede que cuando estas personas andan por la calle o están ocupadas estudiando algo, repentinamente surge en ellas un sentimiento que las conduce a acudir a Dios en oración. Después de haber orado, inmediatamente sienten que son pecaminosas, y cuanto más confiesan, más perciben cuán llenas de pecados están. Es así como el Señor las aviva, al grado de causar asombro en los demás. Una vez que son iluminadas por dentro y el Señor las despierta, inmediatamente dan su primer paso: se arrepienten, confiesan sus pecados, son lavadas y comienzan a leer la Biblia. Cuanto más leen la Biblia, más son inundadas por la luz. Como resultado, aman predicar el evangelio. Al principio no tenían un corazón para ir en pos de Dios, pero Dios las escogió e iluminó.

Hay otra clase de personas cuya condición interna es puesta en evidencia como resultado de escuchar un mensaje. Entonces, realizan una confesión exhaustiva de sus pecados y son renovadas completamente. Quizás haya otras personas que sean atraídas al escuchar los testimonios de otros, y como resultado, acuden a Dios suplicando que las ilumine; es entonces que Dios las ilumina y las conduce a realizar una confesión exhaustiva de sus pecados. Otros, después de tener comunión con otros creyentes, sienten que deben ir a Dios para que El los ilumine. Como resultado, también son iluminados y hacen una confesión exhaustiva de sus pecados. Existen además aquellos que perciben su condición pecaminosa al estar participando de una reunión de oración, ya sea en un grupo pequeño o uno grande. Al percibir esto, ellos hacen una confesión exhaustiva de sus pecados y también son iluminados por Dios. Otra clase de personas, al escuchar alguna exhortación, comprenden que para crecer en la vida divina, un cristiano tiene que hacer una confesión exhaustiva de sus pecados. Como resultado, oran: "Oh Dios, oro para que me ilumines y perdones todos mis pecados". Oran de esta manera por uno o dos días, y al tercer día, Dios verdaderamente las ilumina. Y por último, hay cierta clase de personas que cuando oran, Dios les va mostrando gradualmente cuán pecaminosas son.

Las resoluciones que tomamos son una expresión de nuestra búsqueda ante Dios. Así que, todos debemos acercarnos a El y decirle: "Oh Dios, necesito que me ilumines. Te pido que me ilumines y me muestres mis pecados. Sé que hay un principio: si no soy iluminado y mis pecados no son traídos a la luz, no hay manera de que pueda crecer en la vida divina". Dios está dispuesto a contestar esta clase de oración y la contestará inmediatamente.

Otras personas son iluminadas cuando le piden algo a Dios. Dios no les concede la petición, pero les muestra cuán mal están. Esto pasa sobre todo con los niños. Quizás un niño se acerque a su padre y, extendiendo las manos, le pide con mucho mimo: "Papi, dame un dulce". El padre le contesta: "Mira tus manos, están muy sucias. Ve a lavártelas". Así que el niño va, se lava las manos y regresa al padre por su dulce. Entonces, el padre trae un espejo para que el niño vea que tiene la cara sucia. Después de lavarse la cara, el niño regresa por su dulce, pero el padre le muestra que su cuello y su ropa están sucias. Así que, después de lavar su cuello y cambiarse de ropa, el niño está limpio. Lo mismo sucede con muchos cuando se acercan en oración a Dios. Ellos le piden a Dios esto y lo otro, pero Dios no les contesta, sino que les muestra cuán sucias están. No es sino hasta que esto sucede que ellos entienden lo que significa seguir a Dios, abandonar el mundo y rechazar el pecado. Sólo entonces comienzan a avanzar en su vida espiritual.

Si una persona no ha tenido la experiencia de haber sido iluminada por Dios, a lo más, entenderá algunas doctrinas, pero no habrá dado ni un solo paso en la senda espiritual. Esta persona no sentirá ningún aborrecimiento por el pecado ni por lo que es inmundo. Ella permanecerá en tal condición hasta que Dios le ilumine y le muestre su condición pecaminosa, y así ella comience a confesar sus pecados. Tal percepción de su propia condición pecaminosa estará presente durante varios años y no solamente por unos cuantos días. Además, lo que siente hacia su propia corrupción, maldad y malas acciones hará que se acerque a Dios continuamente para ser iluminada y lavada por El.

CONFESIONES ESPECIFICAS

Una vez concluido el período comprendido entre los años 1931 y 1935, toda vez que acudía a Dios pidiéndole alguna cosa, esta oración duraba apenas dos minutos. Por ejemplo, si oraba: "Oh Dios, por favor resuelve este problema", me tomaba solamente treinta segundos hacer esta oración. Sin embargo, antes de estos treinta segundos, me tomaba de veinte a treinta minutos confesar mis pecados. Cuando veía cuán pecaminoso era, antes de pedirle al Señor que resolviera mi problema, tenía que confesar mis pecados. Después de confesar por veinte o treinta minutos, todos mis pecados habían sido completamente confesados. Como resultado, tenía paz en mi conciencia y no había ninguna barrera entre mi espíritu y Dios. Para entonces, casi estaba cara a cara con Dios, diciéndole, confiada y cómodamente: "Oh Dios, estoy limpio por la sangre preciosa de Tu Hijo. Oh Dios, tengo un problema, y te pido que lo resuelvas por mí". Entonces, Dios contestaba inmediatamente esta clase de oración.

Cuando oramos, con frecuencia no vemos con claridad y no conocemos la voluntad de Dios. Sin embargo, la clave para conocer la voluntad de Dios es confesar completamente todos nuestros pecados. Después de hacer esto, veremos con claridad.

Cualquiera que se haya hecho insensible a Dios mismo, será también insensible al pecado. Deberíamos orar una oración muy simple; ya sea que andemos en la calle o estemos en casa, debemos decir: "Oh Dios, ilumíname y pon al descubierto todos mis pecados". Entonces, un día la luz nos alcanzará y nos daremos cuenta de cuán mal estamos. Cuando esto suceda, nadie nos dirá que estamos mal en nuestra conducta externa, sino que nosotros mismos lo sentiremos interiormente. Entonces, iremos a Dios y le confesaremos nuestros errores. Si reconocemos que hemos ofendido a nuestros padres, iremos a Dios y diremos: "Oh Dios, en el pasado ofendí a mis padres, por favor perdóname". Cuando confesamos nuestros errores, tenemos que hacerlo de manera específica.

Si una esposa ha cometido muchos errores y ha ofendido a su esposo, ella tiene que confesar a Dios estos errores de manera específica, haciendo una descripción detallada de aquello en lo cual ella erró con respecto a su esposo o a sus niños. Lo mismo sucede con el esposo. El tiene que hacer, de manera específica, una confesión exhaustiva de aquello en lo cual perjudicó a su esposa o a la empresa donde trabaja. Además, debemos confesar una por una todas nuestras intenciones y pensamientos internos. Hay una hermana procedente del hemisferio occidental que siempre exhortaba a la gente a confesar sus pecados. Un día, ella oyó a alguien que oraba: "Oh Dios, tengo muchos pecados, por favor perdóname". Al oír esto, esta hermana le dijo: "No le arroje ese bulto tan grande al Señor Jesús. Tiene que abrirlo y presentar su contenido minuciosamente, uno por uno". Este bulto incluye todo; no digamos simplemente: "Oh Señor, soy un gran pecador". Debemos contar, uno por uno, cada artículo que forma parte del bulto, diciendo por ejemplo: "Oh Señor, perjudiqué a mi hermano en cierto asunto. Oh Señor, me porté mal con mi esposo en tal ocasión, y cierto día fui injusta con mis hijos". De esta manera, veremos que nuestros pecados son muchos y estaremos bajo la luz. En la actualidad, las personas viven en tinieblas sin tener ninguna sensación respecto al pecado; aunque confiesen sus pecados todos los días, aún así, siguen insensibles a su pecado.

LA SENDA DE VIDA COMIENZA CON LA CONFESION

He aquí el problema de muchas personas: debido a que carecen de luz, son insensibles. Muchas personas llegan al trabajo a las nueve o a las nueve y media de la mañana, aún cuando su empresa ha estipulado expresamente que se debe llegar a las ocho en punto; sin embargo, al llenar sus tarjetas de control de asistencia, indican que llegaron puntualmente. Una vez un santo me preguntó: "¿Qué debo hacer cuando esto sucede?". Le contesté: "Si su empresa requiere que usted llegue a las ocho, usted debe llegar a esa hora; pero si usted llega a las nueve, debe anotarlo así en su tarjeta". Esto es ser un verdadero cristiano. Hoy en día, la lamentable situación que impera consiste en que muchos cristianos carecen de tal percepción. La razón por la cual carecen de dicha percepción es que carecen de luz. ¿Acaso no sabemos que la senda de vida comienza con la confesión? Incluso cuando hayamos decidido hacer cierta cosa y luego somos iluminados por Dios al respecto, no debemos persistir en nuestra decisión; más bien, debemos confesar nuestros pecados. Después de confesar, sabremos reconocer qué es pecado.

Cierto empleado de una escuela primaria usaba frecuentemente el papel y los sobres con el membrete de la escuela. Hacer eso no es correcto. No obstante, si la escuela permite que el papel y los sobres de la escuela sean para uso personal, entonces está bien usarlos; pero, si no existe tal reglamento, hacer uso de estos materiales es un acto injusto. Algunos maestros de escuela primaria toman la tiza de la escuela y se la llevan para que sus hijos jueguen, sin estar conscientes del pecado cometido. No podemos decir que dichas personas no sean salvas, pero sí afirmamos que no están conscientes del pecado. La persona que confiesa sus pecados ante Dios no descuidará estos asuntos. Antes de confesar, uno posiblemente se sienta libre de leer el periódico o la correspondencia que pertenece a otros; pero después de confesar, estará consciente de su injusticia si sigue haciendo lo mismo. No se trata meramente de una cuestión legalista, sino que es cuestión de ser rectos. Cuando tengamos esta clase de percepción, conoceremos la senda de Cristo. Si queremos que la vida divina crezca en nosotros, tenemos que confesar nuestros pecados. La senda de vida comienza con la confesión. Muchas personas han escuchado acerca de diversas doctrinas, pero nunca han dado un paso en la senda de la vida divina; por consiguiente, no experimentan la disciplina del Espíritu Santo ni son restringidos por El. Aunque tal vez no cometan errores gravísimos, han estado cometiendo muchísimos errores pequeños. Tenemos que buscar la misericordia de Dios, procurar Su resplandor y confesarle a El, de tal modo que nuestro pecados nos sean perdonados.

CAPITULO CINCO

CONSAGRARNOS AL SEÑOR

LA CONFESION DE PECADOS, LAS MEDIDAS A TOMAR CON RESPECTO A LOS PECADOS Y NUESTRA CONSAGRACION AL SEÑOR

Si el cristiano desea crecer en la vida divina, son esenciales dos requisitos: hacer una confesión exhaustiva de sus pecados al Señor y tomar ciertas medidas con respecto a sus pecados. Un tercer requisito, que es igualmente importante, es la consagración; uno debe consagrarse completamente al Señor. Como requisito básico, todo cristiano debe consagrarse al Señor. Después de que una persona recibe la salvación, si desea crecer en vida, deberá confesar sus pecados y tomar ciertas medidas con respecto a ellos. La confesión de pecados se concentra en lo que está en el interior de la persona, mientras que las medidas que se toman con respecto a los pecados se concentran en aquello que es externo a la persona. Confesar nuestros pecados consiste en decirle a Dios en qué condición se encuentra nuestro corazón y confesarle todos aquellos pecados que percibimos interiormente. Tomar medidas con respecto a los pecados es algo que se relaciona con nuestro comportamiento externo; implica tomar medidas que, de manera exhaustiva, afecten todos los aspectos de nuestra vida, de nuestro entorno y de nuestro hogar que no sean del agrado de Dios. Estas son medidas que se toman no sólo delante de Dios, sino también delante de los hombres. La confesión de nuestros pecados internos y las medidas que tomamos con respecto a los pecados cometidos constituyen, en conjunto, una sola experiencia completa en sí misma.

Sin embargo, después que una persona es salva, si ella confiesa sus pecados delante de Dios y toma medidas con respecto a sus pecados delante de los hombres pero no se consagra a Dios, esta persona aún no ha comenzado a andar en la senda de vida. Tenemos que saber que después de ser salvos, el primer paso siempre incluye la confesión de pecados, las medidas a tomar con respecto a los pecados y la consagración al Señor. De acuerdo con nuestra experiencia, la secuencia en la que ocurren estas tres cosas puede variar. Algunos, primero confiesan sus pecados y luego se consagran al Señor; otros, primero se consagran al Señor y luego toman medidas con respecto a sus pecados. No importa el orden que se siga. Después que una persona sea salva, el primer paso que ella da siempre incluirá estas tres cosas: la confesión exhaustiva de sus pecados ante Dios, las medidas cabales que debe tomar con respecto a sus pecados ante los hombres, y su consagración al Señor. La combinación de estas tres cosas componen una experiencia completa.

Esto es semejante al desayuno que tomamos. Un desayuno chino completo contiene pan, sopa de arroz y algunos platillos. No importa qué comamos primero, si el arroz o el pan o los platillos. De igual manera, después de su salvación, la primera experiencia de un nuevo creyente debe incluir la confesión de sus pecados a Dios, tomar medidas de manera exhaustiva con respecto a sus pecados para testimonio ante los hombres, y una consagración absoluta al Señor. Estas tres cosas son igualmente necesarias, pero el orden en que ellas se dan no tiene tanta importancia. Realmente no importa si los demás nos exhortan o no nos exhortan a hacer estas tres cosas, puesto que todos los que son salvos y anhelan seguir el camino del Señor no podrán evitar ninguna de ellas. Ante los ojos del Señor, cualquiera que no haya experimentado estas cosas, nunca ha dado un paso hacia adelante. Incluso, si alguno ha experimentado sólo una o dos de estas cosas, pero no ha experimentado la tercera, ante los ojos del Señor sigue sin haber dado un paso completo.

Debemos pedir al Señor que nos muestre el lugar exacto donde nos encontramos. Independientemente de si tenemos un corazón determinado a seguir el camino del Señor o si apenas hemos hecho una débil decisión al respecto, tenemos que darnos cuenta de que no existen atajos en la senda espiritual. Para salir de nuestra casa, primero debemos pasar por la puerta principal para luego llegar a la cerca; del mismo modo, el camino del Señor tiene sus propias secciones, y no podemos evadir ninguna de ellas. Podemos escuchar mensajes y leer la Biblia, pero si nuestro corazón no anhela seguir el camino de Señor, ningún mensaje nos ayudará y la lectura de la Biblia tampoco nos será de provecho. Los mensajes debieran ser de gran ayuda para la gente y la lectura de la Biblia debiera suministrarles vida, pero si sólo entendemos el camino del Señor y no tenemos un corazón que anhele seguir tal camino, entonces nada nos será de provecho. No debemos ser aquellos que únicamente entienden el camino del Señor, sino que también debemos anhelar seguirlo de todo corazón. No sólo eso, sino que además de tener un corazón que anhela ese camino, debemos, de hecho, comenzar a andar en el mismo. De ser así, todo mensaje que escuchemos nos beneficiará mucho, y cada versículo bíblico que leamos será un suministro para nosotros. Espero que cada uno de nosotros sea una persona que anhele de corazón seguir al Señor y que ande en Su camino.

DIOS REQUIERE QUE EL HOMBRE CREA EN EL Y LE AME

Por lo tanto, podemos ver que además de confesar nuestros pecados y tomar medidas con respecto a ellos, consagrarnos al Señor es de suma importancia. En toda la Biblia, hay dos asuntos cruciales. El primero es que Dios requiere que el hombre crea en El; y el segundo, que Dios requiere que el hombre le ame. No existe ningún líder de este mundo que exija que los hombres crean en él o le amen. Ni Mohamed ni Confucio exigieron alguna vez que alguien creyera en ellos o los amara. Solamente Jesucristo desea que el hombre crea en El y le ame.

Desde que el hombre cayó, lo que Dios ha exigido del hombre es, primeramente, fe, y en segundo lugar, amor. ¿Saben lo que significa ser salvos? Ser salvos consiste en volverse a Dios, es decir, creer en Dios y sostener una relación con El. Si una persona no tiene a Dios, está separada de El;

independientemente de si esta separación es enorme o pequeña, dicha persona es ajena a Dios y está separada de El. Entonces, ¿cómo nos adherimos a Dios y somos unidos a El? Por medio de la fe. Cuanto más creemos, más nos adherimos a Dios; cuanto más creemos, más somos unidos a Dios y más fuerte se hace nuestro vínculo con El. Son muchos los que dicen que Dios no existe; esto se debe a que han estado usando el órgano equivocado para ponerse en contacto con Dios. Por ejemplo, si usáramos nuestros oídos para procurar escuchar los colores, ciertamente no escucharíamos nada; y si usamos nuestros ojos para ver los olores, ciertamente no veríamos nada. Cuanto más creemos en Dios, más nos percatamos de Su existencia; y cuanto más creemos en El, más percibimos Su presencia. La relación que Dios tiene con el hombre es una relación de fe.

En segundo lugar, la relación que el hombre tiene con Dios se caracteriza por el amor. Es maravilloso que después de que un hombre cree en Dios, lo que Dios requiere de éste es que le ame. Todo aquel que ha sido salvo, todo aquel que ha creído en Dios, percibe en lo profundo de su ser cuán precioso es el Señor. Si preguntáramos a alguien que adora a Buda cuán precioso es Buda para él, esta persona seguramente nos diría que nunca se le había ocurrido pensar en eso. Si le preguntáramos lo mismo a alguien que cree en el Señor —independientemente de cuánto amor tenga—, responderá que siente algo de amor hacia el Señor; por lo menos, esa persona tiene el deseo de hacer algo para el Señor. Así pues, siempre y cuando una persona sea salva, sin necesidad de que nadie le enseñe, espontáneamente sentirá que el Señor es precioso y querrá amarlo.

TODO EL QUE ES SALVO PERCIBE LO PRECIOSO QUE ES EL SEÑOR

Si bien es cierto que algunos creyentes no perciben intensamente lo precioso que es el Señor ni tampoco sienten un gran afecto hacia El, aún así, persiste en ellos algo de amor hacia el Señor. Cierta vez visité a un hermano a quien le gustaba jugar a los naipes. Le pregunté: "¿Qué es más precioso para usted: el Señor o los naipes?". El me contestó:

"Externamente, siento que aprecio más los naipes, pero internamente siento que el Señor es más precioso". De hecho, este hermano sabía que era mejor para él amar al Señor, pero aún así disfrutaba de jugar a los naipes. Así pues, dos cosas contendían por el afecto de esta persona: el Señor competía por dentro, y por fuera, los naipes. Sin embargo, llegará el día en que los naipes perderán esta batalla, y será el Señor quien obtenga la victoria. Tarde o temprano, el poder que está en el interior de esta persona vencerá al poder que está por fuera. Una persona no aborrece el pecado debido a que teme pecar; los cristianos aborrecemos el pecado debido a que el Señor es muy precioso para nosotros y debido a que el amor del Señor está dentro de nosotros.

Toda persona que es salva, percibe en su interior que el Señor es muy precioso. No es cuestión de "saber", puesto que el saber se relaciona con nuestra mente; más bien, es cuestión de "sentir", lo cual se relaciona con nuestra percepción interna. Uno que es salvo no sólo sabe que el Señor es muy precioso, sino que además siente lo precioso que el Señor es para él. Es posible que un cristiano cometa un pecado grave. Por un lado, quizás al pecar él disfrute del placer que esto le pueda proporcionar; pero, por otro lado, no deja de percibir que el Señor es muy precioso. Así pues, el cristiano casi siempre es una paradoja. En casi todos los cristianos existe una diferencia entre lo que ellos son interiormente y lo que manifiestan externamente, y por ende, experimentan una discrepancia entre lo que son por dentro y lo que manifiestan por fuera. Es raro encontrar un cristiano cuyo ser interior esté en armonía con su ser exterior. ¿En qué consiste tener armonía entre lo que somos internamente y lo que somos externamente? Consiste en amar al Señor tanto externa como interiormente. La mayoría de los cristianos, externamente, se aman a sí mismos; pero, internamente, todavía aman al Señor. A algunos, externamente, les gusta vestirse suntuosamente, pero, interiormente, todavía aman al Señor. Hay quienes, de manera externa, aman a sus esposas; pero, internamente, todavía aman al Señor. Hay quienes, de manera externa, aman a sus hijos; pero, internamente, todavía aman al Señor. No hay cristiano que, en mayor o menor medida, no ame al Señor. Por una parte, los cristianos codiciamos las cosas de este mundo, la moda y los vestidos; pero, por otra, sentimos que el Señor es verdaderamente muy precioso.

Aunque en diversa medida, todo cristiano tiene la percepción de que el Señor es precioso. Esto es lo que motiva su consagración. Después de que hemos sido salvos, el Señor atrae nuestro corazón a Sí mismo una y otra vez, de diversas maneras y por medio de distintos entornos y métodos, de tal manera que habremos de exclamar: "¡Oh Señor! No sólo me amas, sino que verdaderamente eres muy precioso para mí. Me consagro completamente a Ti". Todo cristiano tiene que dar este paso inicial, y ninguno podrá evitarlo. Cualquiera que nunca se haya entregado al Señor, jamás podrá tomar el camino del Señor.

LA CONSAGRACION ES EL COMIENZO
DE TODA EXPERIENCIA CRISTIANA

Después de recibir la salvación, si queremos experimentar ricamente al Señor, el primer paso que debemos dar es el de la consagración. Si después de recibir la salvación no nos entregamos al Señor, nos será imposible tomar Su camino. Para que nuestras oraciones sean contestadas, la fe es de vital importancia; sin embargo, aquellos que nunca se han entregado al Señor no podrán tener mucha fe. Sólo aquellos que verdaderamente se consagran al Señor tienen una fe adecuada. La fe viene después de consagrarnos absolutamente al Señor. La fe viene por medio de la consagración. Y no sólo eso, si una persona desea pertenecer al Señor por completo, debe consagrarse plenamente al Señor. Nadie puede ser santificado sin haberse consagrado al Señor. Una persona no puede vencer si no se ha consagrado al Señor. Además, es difícil ver la luz si no nos consagramos al Señor. Cuán apropiadamente andamos delante de Dios dependerá de nuestra consagración. El corazón del hombre siempre está vuelto hacia el mundo, pero solamente cuando el hombre se vuelve a Dios, podrá El iluminarlo con Su luz.

Supongamos que hay una luz detrás de mí. Si no me vuelvo para verla, no podré recibir su resplandor debido a que la luz brilla en una dirección específica. Cuando el corazón del hombre se vuelve a cualquier otra cosa que no sea Dios mismo, es imposible que Dios resplandezca sobre él. Algunos oran pidiéndole a Dios que los ilumine, pero aún así no reciben luz alguna. Incluso, algunos quizás se pregunten por qué los demás son iluminados y ellos no. Esto se debe, exclusivamente, a que ellos no están vueltos hacia Dios; no obstante, siempre que se vuelvan a El, la luz de Dios resplandecerá sobre ellos. "Pero cuando su corazón se vuelve al Señor, el velo es quitado" (2 Co. 3:16). Si la luz no está iluminando al creyente internamente, esto es señal de que, en cierta medida, él no está vuelto hacia Dios. Puesto que está dándole la espalda a Dios, necesita volverse. ¿En qué consiste la consagración? La consagración consiste en que nuestro ser debe volverse por completo hacia Dios. Cuando nuestro corazón está en el mundo, espontáneamente estamos de cara al mundo; por consiguiente, es necesario hacer un giro total. Siempre que nuestro corazón esté de cara al Señor, inmediatamente nuestro ser interior será iluminado y conoceremos la voluntad de Dios.

Además, para ser espiritual, un cristiano deberá también consagrarse al Señor. Podríamos dar el siguiente ejemplo como ilustración: una taza puede ser colocada a la intemperie, bajo una lluvia copiosa durante toda la mañana, y aún así no recibir ni siquiera media gota de agua. ¿A qué se debe esto? Al hecho de que durante todo ese tiempo, la taza permaneció boca abajo. Si bien llueve copiosamente, la taza no recibe ni una sola gota de agua. Todos los hijos de Dios deberían ser llenos del Espíritu Santo y experimentar esto con facilidad. No obstante, algunas personas siempre están pidiendo ser llenas del Espíritu Santo y, aun así, nunca lo son. ¿A qué se debe esto? Si volteamos la taza, se llenará de agua inmediatamente. Si no estamos dispuestos a volver nuestro corazón y ponernos de cara a Dios, sino que, en lugar de ello, siempre estamos con nuestro rostro hacia "abajo", de cara al mundo, entonces será imposible que seamos llenos del Espíritu Santo. Es completamente imposible que alguien cuyo corazón esté totalmente vuelto al mundo sea lleno del Espíritu Santo y reciba la gracia de Dios. Pero, tan pronto vuelva su corazón a Dios, inmediatamente será lleno del Espíritu Santo. Todos los que tienen experiencia pueden dar testimonio de esto. Además, una persona debe consagrarse si desea tener comunión con Dios y disfrutar de Su presencia todo el tiempo. Todo el que no se haya consagrado no podrá tener comunión con Dios, ni tampoco podrá disfrutar de Su presencia. Una lámpara eléctrica nos puede servir de ilustración. Si uno de los cables de esta lámpara ha sido cortado, el flujo de electricidad será interrumpido. En este caso, haber cortado uno de los cables es lo mismo que haber cortado los dos cables. Por lo tanto, para poder disfrutar de la comunión y presencia de Dios, tenemos que ser personas consagradas.

LA GRACIA Y BENDICION DE DIOS DESCIENDE SOBRE QUIENES SE HAN CONSAGRADO

Tanto amar a Dios como creer en El revisten la misma importancia. Tenemos que creer en El y amarlo; sólo entonces Su gracia, Su bendición y Su presencia descenderán sobre nosotros. Para que la gracia de Dios, la bendición de Dios y la presencia de Dios desciendan sobre nosotros, tenemos que amar a Dios. Por supuesto, quienes no creen en Dios tampoco lo amarán, porque para amar a Dios, primero tenemos que creer en El. Si lo amamos, nos volveremos a El. Todo el tiempo escuchamos a la gente decir que tenemos que esperar en Dios, pero esto no es correcto, ya que en realidad es Dios quien nos está esperando. Dios espera que nos volvamos a El para contestar nuestras oraciones y darnos poder. No somos nosotros los que estamos esperando a Dios, sino que es El quien nos está esperando. Tal como lo indica la ilustración anterior, la lluvia puede ser muy copiosa, pero si la taza está colocada boca abajo, ¿cómo podríamos esperar que el agua de lluvia llene la taza? Si una persona no está dispuesta a volverse a Dios, ¿cómo podrá la gracia de Dios descender sobre tal persona? Dios siempre está esperando que dejemos de mirar hacia la tierra y levantemos nuestro rostro hacia los cielos. Por lo tanto, no es el hombre el que tiene que esperar por la gracia de Dios, sino que es Dios quien está esperando que el hombre lo reciba como gracia cada día.

El problema es el siguiente: no es tan fácil que el corazón del hombre se vuelva a Dios. Solamente aquellos que han sido tocados por el amor del Señor pueden recibir con facilidad la gracia de Dios. Los que no tienen fe, obtendrán fe con facilidad después de consagrarse al Señor. Los que no tienen santidad, la obtendrán con facilidad una vez que se hayan consagrado. Aquellos que no tienen luz, la obtendrán fácilmente después de consagrarse. Los que no disfrutan de la presencia de Dios, la obtendrán después de consagrase. Los que no tienen poder, tendrán poder para su vida diaria después de haberse consagrado. Todo depende de que nuestro corazón esté vuelto o no al Señor. Si nuestro corazón se vuelve al Señor, entonces el Señor mismo, la gracia del Señor, la luz espiritual y las riquezas espirituales se derramarán sobre nosotros. Pero si nuestro corazón no se vuelve al Señor, incluso si el Señor nos concede gracia, será imposible que esta gracia entre en nuestro ser, tal como el agua de lluvia no pudo llenar la taza.

¿Qué es la consagración? La consagración es volverse a Dios. Antes, deseábamos algo aparte de Dios mismo; pero ahora, alentados por el amor del Señor en nuestro ser, nos volvemos a Dios y deseamos únicamente a Dios. Todo aquel que se vuelva a Dios de esta manera, tocará a Dios con facilidad y recibirá Su gracia. Si estamos dispuestos a entregarnos a Dios de esta manera, cuando oremos, dicha oración se convertirá en algo muy especial; cuando leamos la Biblia, ésta nos iluminará; y cuando prediquemos el evangelio, dicha predicación estará llena de poder. Un cristiano debería consagrarse completamente al Señor por lo menos una vez, si no varias veces. Entonces, si después de un lapso de tiempo siente que la consagración que hizo en el pasado no fue lo suficientemente absoluta, debe consagrarse completamente una segunda vez. Después de algún tiempo, puede ser que llegue a sentir que su segunda consagración tampoco fue lo suficientemente completa; entonces deberá consagrarse al Señor otra vez más. Incluso es posible que después de transcurrido un tiempo considerable, esta persona sienta que necesita volver a consagrarse al Señor de manera absoluta una vez más. Cuánto más se consagre al Señor de esta manera, más tocará al Señor y más lo ganará el Señor. Una persona como ésta andará en el camino del Señor y crecerá en vida cada día.

UNA VEZ QUE NOS HEMOS CONSAGRADO, DEBEMOS OBEDECER INCONDICIONALMENTE EL SENTIR INTERNO

Una vez que nos hemos consagrado al Señor, debemos obedecer incondicionalmente el sentir del Señor. Después de habernos consagrado al Señor, nuestro ser interior será iluminado. Como resultado de ello, sabremos qué es lo que complace al Señor y obedeceremos tal sentir interior. Romanos 12:1 dice que debemos presentar nuestro cuerpo en sacrificio vivo a Dios. Si presentamos nuestro cuerpo a Dios de esta manera, el resultado será que sabremos cuál es la agradable y perfecta voluntad de Dios. Dios nos hará saber qué es lo que le complace y qué le desagrada. Cuando El haga esto, tenemos que obedecer incondicionalmente dicha sensación interior. Si un cristiano sólo presta atención a doctrinas y exhortaciones ajenas, pero no desarrolla el hábito de obedecer el sentir interior procedente del Señor ni anda en el camino del Señor, todo aquello que escuchó externamente no significará nada. Lo más precioso de un cristiano es que, después de consagrarse al Señor, tiene la capacidad de percibir qué es lo que agrada o desagrada a Dios, y es capaz de vivir en conformidad con tal sentir. Esto es lo más precioso en la experiencia de un cristiano.

Había una hermana a quien le gustaba vestir a la moda. Un día se entregó al Señor y le dijo: "Oh Señor, de ahora en adelante me consagro a Ti. No quiero nada que no seas Tú; ya sea que pueda vivir de esta manera o no, no me importa. Simplemente me entrego a Ti". Dos o tres días después de orar así, se presentó a la reunión con un vestido muy a la moda. Nadie le dijo en ningún momento, ni tampoco había leído en la Biblia, que no debía usar ese vestido. Sin embargo, después de su consagración, cada vez que ella sacaba ese vestido de su guardarropas, sentía en su interior que no debía ponérselo. Ella no entendía por qué le sucedía esto, así que se detuvo un momento para analizar si era pecaminoso vestirse así. Después de sacar el vestido del guardarropas, el malestar que sentía por dentro persistió, y una vez que se lo puso se sintió aún más incómoda. Pero, ella razonó consigo misma diciendo que ya había ido antes a la mesa del Señor vestida así, y el predicador nunca le había dicho que no le era permitido vestirse de esa manera. Finalmente, esta hermana salió de su casa usando ese vestido.

Después que hubo salido de la casa, sentía que debía regresar, pero todavía no entendía por qué. Mientras caminaba, su ser interior argüía con ella: "Podías vestirte así en el pasado, pero hoy no. Otros pueden vestir así, pero tú no". Verdaderamente, ella había perdido toda su paz interna. Cuando llegó a la entrada del salón de reuniones, el malestar apremiante que le urgía a regresar a casa la hizo sentir muy incómoda. No le fue posible acallar tal sentimiento, así que en ese mismo momento, mientras cruzaba el umbral del salón, retrocedió y decidió regresar a casa. Una vez que regresó a su hogar, se sintió completamente liberada debido a que su ser interior estaba en completa armonía con su hombre exterior. Cuando volvió al salón de reuniones vestida de otra manera, pudo disfrutar de esa reunión como nunca antes lo había hecho. Ese día, ella aprendió que verdaderamente es posible para el hombre vivir delante de Dios y en comunión con El.

Cuán lejos ha de llegar una persona en el camino del Señor, dependerá completamente de cuánto ella viva en la presencia de Dios. Una vez que nuestro corazón se vuelve a Dios, inmediatamente sentimos lo que Dios siente y sabemos lo que es de Dios y lo que no es de El. Esta clase de experiencia le es dada sólo a aquellos que andan en el camino de Dios. Esta clase de vivir no sigue los dictados de la vida humana natural, sino que está en conformidad con la vida divina en nuestro ser.

En otra ocasión, cierta hermana salió a comprar unas telas. En la tienda encontró una tela de lana y quiso comprarla, pero su ser interior le decía que no lo hiciera, sino que, en lugar de ello, enviara el dinero a cierto lugar para ayudar con la obra del Señor allí. Después de pensarlo por un rato, ella compró la tela, pero cuando llegó a su casa no sintió paz por tres días. Pasados los tres días, ella comentó este asunto con un hermano y le dijo: "Salí a comprar una tela, pero al final lo que compré fue un pecado". Sucedió que ese hermano necesitaba justamente una tela como esa, así que le pidió que se la vendiera. Luego, esa hermana obedeció su sentir interno y ofrendó para la obra del Señor el dinero procedente de la venta de esa tela.

Tenemos que obedecer el sentir interior, de lo contrario, tarde o temprano tendremos que confesar ese pecado de desobediencia, tal como lo tuvo que hacer esa hermana. Esto nos muestra que los que andamos en el camino de Dios, por lo menos debemos prestar atención a ciertos asuntos, tales como: confesar detalladamente todos los pecados que cometimos ante Dios, tomar medidas exhaustivas con respecto a todos los pecados que cometimos ante los hombres y consagrarnos completamente al Señor. Al hacer esto, sentiremos por dentro la presencia del Señor, podremos tener comunión con El y sabremos cuál es el sentir del Señor. Una vez que conocemos el sentir del Señor respecto a algo, debemos obedecer todo lo que proceda del Señor. Cuanto más obedezcamos tal sentir, nuestro ser interior se hará mucho más sensible. Que el Señor tenga misericordia de nosotros. ¡Que el Señor nos salve de ser meramente oidores de doctrinas y haga de nosotros personas que andan en Su camino y que tienen un corazón vuelto hacia El!

Capítulo seis

MANTENER UNA CONCIENCIA SIN OFENSA

Hechos 24:16 dice: "Y por esto procuro tener siempre una conciencia sin ofensa ante Dios y ante los hombres". Asimismo, 2 Timoteo 1:3a dice: "Doy gracias a Dios, al cual sirvo desde mis antepasados con una conciencia pura". Hechos habla de "una conciencia sin ofensa", mientras que 2 Timoteo habla de "una conciencia pura". Además, en 1 Timoteo 1:19 dice: "Manteniendo la fe y una buena conciencia, desechando las cuales naufragaron en cuanto a la fe algunos". El versículo dos del capítulo cuatro de este mismo libro dice: "Por la hipocresía de mentirosos que, teniendo cauterizada la conciencia como con un hierro candente". Efesios 4:19 asimismo afirma: "Los cuales, después que perdieron toda sensibilidad, se entregaron a la lascivia para cometer con avidez toda clase de impureza". Estos versículos nos muestran cuán importante es la conciencia en la vida de un cristiano.

Si un cristiano desea crecer en la vida divina, es imprescindible que haga tres cosas: en primer lugar, deberá confesar exhaustivamente sus pecados delante de Dios; en segundo lugar, deberá tomar medidas minuciosas con respecto a los pecados cometidos delante de los hombres; y en tercer lugar, deberá consagrarse completamente a Dios. Si los santos están dispuestos a acudir al Señor haciendo estas tres cosas y las practican con toda seriedad, con certeza avanzarán en la vida divina. Pero si sólo reciben estas palabras a manera de doctrina, no les serán de mucha ayuda. Estos mensajes son sólo pautas, y serán de beneficio para los santos únicamente cuando ellos anden seriamente en el camino del Señor. La secuencia en la que experimentamos estas tres cosas —confesar nuestros pecados ante Dios, confesar nuestros

ante los hombres y consagrarnos absolutamente a
- puede variar. Estos tres asuntos son como las tres
,das de un único cordón, y ninguno que tome el camino del
,eñor puede ser negligente respecto a ello.

Además, después que un cristiano ha confesado exhaustivamente sus pecados, ha tomado medidas minuciosas con
respecto a ellos y se ha consagrado a Dios, deberá también
preocuparse por mantener una conciencia sin ofensa. Esta
es la senda que un cristiano debe tomar. Después que hemos
confesado nuestros pecados ante Dios, que hemos tomado
medidas con respecto a los pecados cometidos ante los hombres
y que nos hemos consagrado a Dios, tendremos inmediatamente cierto sentir en lo profundo de nuestro ser. Tal sentir no
constituye una mera convicción intelectual, sino que es un
sentir en lo profundo de nuestro ser que nos insta a mantener
una buena conciencia y a tener paz en nuestra conciencia.
Por consiguiente, es de suma importancia conocer el origen
de la conciencia, la posición que ella ocupa y la función que
desempeña.

EL ORIGEN, LA POSICION
Y LA FUNCION DE LA CONCIENCIA

En palabras sencillas, la conciencia procede de Dios. Quienes buscan conocer a Dios, deben saber que antes de la caída
de Adán, el hombre vivía en la presencia de Dios y no tenía
necesidad de ejercitar su conciencia. Por ejemplo, cuando en
pleno día estamos bajo la luz del sol, no necesitamos utilizar
una lámpara ni requerimos de otra clase de luz. Sólo aquellos
que no están bajo el sol necesitan otra clase de luz. La conciencia se hizo necesaria debido a la caída del hombre, ya que
el hombre abandonó la presencia de Dios. En el principio, el
hombre vivía delante de Dios, a quien podemos asemejar
al sol. Originalmente, el hombre recibía la luz directamente
del rostro de Dios. Si bien la luz de las velas es débil, no deja
de cumplir una función, pues cuando el sol se ha puesto, la luz
procedente de las velas comienza a brillar. Lo mismo sucede
con la función que desempeña la conciencia. Cuando el
hombre vivía delante de Dios y recibía la luz de Dios, éste no
hacía uso de su conciencia y la función que la conciencia

desempeña no se había manifestado, debido a que el hombre no tenía necesidad de ella al estar delante de Dios. Por la historia de la humanidad, sabemos que el hombre cayó poco después de haber sido creado; cayó de la luz a las tinieblas. Así pues, después de la caída existía una distancia, una barrera, entre Dios y el hombre. La Biblia nos muestra que en ese preciso momento, Dios dio un paso concreto para activar la función de la conciencia del hombre. Esto se puede comparar a una lámpara que es encendida cuando el cielo empieza a oscurecer. No debemos olvidar que la función de la conciencia fue activada después que el hombre cayó.

La posición que ocupa la conciencia es la de un representante de Dios, o podríamos decir, que la conciencia ocupa el lugar de Dios en el hombre. Por consiguiente, aunque vivir conforme a nuestra conciencia es bueno, no constituye la condición más elevada. El hombre está en su condición más elevada cuando vive directamente delante de Dios. ¿Por qué tenemos necesidad de una lámpara? Necesitamos una lámpara porque el cielo está oscuro. ¿Por qué tenemos necesidad de la conciencia? Necesitamos la conciencia debido a que el hombre es un ser caído. Puesto que el hombre, al caer, abandonó la presencia de Dios, Dios tuvo que valerse de la conciencia como Su representante para iluminar al hombre. Podemos dividir la historia de la humanidad en diferentes dispensaciones. La primera dispensación se llama la dispensación de la inocencia; en ella, el hombre era regido directamente por Dios. Después de la caída, se dio inicio a la segunda dispensación, la dispensación de la conciencia. Durante esta dispensación, estaban presentes en el hombre tanto el pecado como la conciencia. Aunque el hombre había caído en las tinieblas del pecado, Dios aún conservó la conciencia como una lámpara para el hombre. La conciencia del hombre todavía podía iluminar al hombre y, así, manifestar su función. Es así como la conciencia fue activada.

LA CAIDA DEL HOMBRE

La caída del hombre no fue una caída parcial; más bien, fue una caída continua y completa. El hombre no pudo permanecer bajo el gobierno de su conciencia, sino que continuó cayendo. ¿Cómo es que el hombre siguió cayendo? Sabemos por la historia del hombre que su caída en el pecado ocurrió de manera progresiva. Primero, el hombre estuvo bajo el gobierno de su conciencia, y era su conciencia la que lo iluminaba y dirigía. No obstante, el hombre fue incapaz de permanecer firme bajo el gobierno de la conciencia, y de allí, cayó nuevamente. Después de la primera etapa de su caída, el hombre contaba con su conciencia, la cual representaba a Dios con el fin de gobernar al hombre; pero el hombre no prestó atención a su conciencia en todo cuanto hizo, y cayó nuevamente. Fue entonces cuando comenzó la dispensación de la ley, y el hombre comenzó a ser castigado si desobedecía las leyes de su nación. En esta coyuntura, el hombre había caído sobremanera.

El hombre es, verdaderamente, muy extraño: cuanto más es gobernado por el hombre, más bajo cae. Por ejemplo, una persona que está siempre bajo la supervisión de sus padres, en cuanto ellos se descuiden, hará algo que no es debido. Asimismo un estudiante, en cuanto esté libre de las normas de la escuela, hará algo contrario a dichas normas. Si en una determinada nación o sociedad no hubiera policías, la nación entera estaría llena de crímenes. Por ello, aunque muchos ladrones y malhechores desafían cielo y tierra, aun así, temen las leyes de la nación. Si ellos encontraran la manera de escapar de tales leyes, harían muchas cosas malignas. Esto prueba que el hombre es un ser sumamente caído.

En realidad, es imposible clasificar a los hombres, pero si tuviéramos que hacerlo, simplemente los clasificaríamos en tres categorías. La primera categoría es la más elevada, pero son muy pocas las personas que se encuentran en ella. Esta categoría de personas vive directamente en la presencia de Dios. Estas personas están llenas de luz y son como el resplandor del sol, pero existen muy pocas personas así; se trata de cristianos que son muy espirituales y santos.

La segunda categoría también se compone de cristianos y es, también, un grupo muy reducido. Esta categoría es la de aquellos que viven según su conciencia y que tienen una conciencia muy aguda. Los hijos que pertenecen a esta categoría no requieren de la supervisión de sus padres; los estudiantes pertenecientes a esta categoría no requieren de las normas de su escuela; y, en general, todas las personas de esta clase cumplen con la ley y no necesitan del control policial. Son personas que viven regidas por su conciencia y que no necesitan ser gobernadas por el hombre, pues su conciencia los ilumina y los regula. Si ellas perciben que algo es impropio, no lo harán. No hay ley que pueda regir completamente al hombre; no obstante, el gobierno de la conciencia abarca muchísimo más de lo que pueden abarcan las leyes. Esta es la segunda categoría de personas: los que viven regidos por su conciencia.

El tercer grupo no está gobernado ni por Dios ni por su conciencia. Estas personas no temen ni a las leyes de su país, ni a las normas de su familia. Son capaces de cometer toda clase de perversidad.

Aún hay otra categoría, ubicada entre la primera y la segunda categoría, la cual está compuesta por aquellos que viven según su conciencia, y a la vez, están aprendiendo a vivir delante de Dios. Estos son los cristianos que se mantienen avanzando. Un cristiano normal y que avanza, no sólo vive según su conciencia sino que también vive en la presencia de Dios.

Al caer, el hombre descendió de la presencia de Dios al régimen de su propia conciencia y, luego, del régimen de su conciencia al gobierno de la ley. Todos, en mayor o menor medida, hemos tenido esta clase de experiencia. Cuando éramos niños, nuestros padres nos ordenaban no robar ningún caramelo y, si lo hacíamos, nuestro corazón latía aceleradamente. Si robábamos dulces una segunda vez, nuestro corazón latía con menor intensidad que la primera vez; al robar caramelos una tercera vez, el latido de nuestro corazón era aún menos intenso. Y la cuarta vez que hurtábamos, nuestro corazón seguía latiendo como si no hubiera pasado nada debido a que perdimos sensibilidad al no hacerle caso a nuestra conciencia. La quinta vez que robamos, nuestro único temor era que nuestros padres lo supieran. En esa condición parecía que robar un caramelo no tenía importancia, y lo único que temíamos era que nuestros padres nos encontraran robando. De igual manera, la primera vez que hicimos trampa en un examen escolar, nuestro corazón latía muy intensamente; luego, la segunda vez, nuestro corazón latía con menor intensidad; la tercera vez, el latido era más suave; y para cuando hicimos esto la cuarta vez, la agitación era menor. Mientras que el maestro no nos sorprendiera, todo estaba bien. ¿Qué es lo que esto nos muestra? Esta ilustración nos muestra cómo ocurrió nuestra caída del régimen de la conciencia al gobierno de los hombres.

También ocurre lo mismo con las relaciones inmorales entre hombres y mujeres. La primera vez que las personas hacen algo inmoral, su conciencia los incomoda; la segunda vez, la sensación es menos intensa; la tercera vez, tal sensación es mucho más débil; para la cuarta ocasión, dejan de tener alguna sensación específica al respecto. La quinta vez, estas personas sienten muy poco temor, pues sólo temen las leyes de su país o temen ser descubiertos por los demás. Es así como el hombre ha caído del sentir de su conciencia al gobierno humano. Los asaltantes y ladrones son iguales en cualquier parte del mundo; si no hubiera policía o gobierno, el mundo se encontraría envuelto en un caos inimaginable.

Las personas que infringen la ley, en su mayoría, temen los castigos impuestos por la ley. Nuestro Señor nos salva de vivir así. Después de nuestra salvación, si seguimos haciendo lo que es contrario a las reglas de nuestra familia, a las normas de nuestra escuela o a las leyes de nuestra sociedad, temo que no hayamos sido verdaderamente salvos o, si somos salvos, temo que no parezcamos ser cristianos. Dios nos salva del aspecto más bajo de la caída. Una persona que no es salva acarrea problemas a la familia, a la sociedad y al país; en esto consiste la caída del hombre. Una persona salva no requiere del control de sus padres en el hogar debido a que, sin necesidad de ello, es un hijo obediente; tampoco requiere ser supervisado en la escuela debido a que es un estudiante que se sujeta a las normas; tampoco necesita ser controlado por su sociedad ni por su nación debido a que, sin necesidad de ello, ya es un hombre bueno, un ciudadano que cumple la ley. Esta persona se sujeta a las leyes, no porque las tema, sino porque vive según su conciencia. En su caída, el hombre cayó de la presencia de Dios al régimen de su conciencia, y del régimen de su conciencia al gobierno de los hombres. El gobierno humano constituye el nivel más bajo de la caída del hombre; es allí donde Dios, en Su obra salvadora, llega al hombre.

LA SALVACION QUE DIOS EFECTUA

El nivel más bajo en la caída del hombre es cuando éste tiene que ser regido por sus semejantes. Si el esposo gobierna a la esposa, o la esposa gobierna al esposo, y los hijos tienen que ser gobernados por sus padres, entonces, esto es prueba de que ellos son seres sumamente caídos. Algunas personas trabajan en organizaciones o compañías que requieren que sus empleados lleguen al trabajo a las ocho en punto. Sin embargo, estos empleados tratan todos los días de averiguar si su jefe estará allí a las ocho en punto el día siguiente. Así, si el jefe llega a las ocho en punto, ellos también entran a trabajar a las ocho; pero si él tiene que ir a algún lado y no llega sino hasta las ocho y media, ellos también llegan a las ocho y media. ¿Es propio de un cristiano comportarse así? Si alguno entre nosotros hace algo semejante, no necesariamente quiere decir que esta persona no sea salva, pero al menos podemos afirmar que no vive conforme a su conciencia. Una persona salva se presenta a trabajar a las ocho en punto, sin importar si su jefe llega o no a esa hora. Esta persona vive así porque Dios la salvó de vivir bajo el gobierno humano y ha hecho que viva según su conciencia. Son muchas las personas que han sido verdaderamente salvas, pero lamentablemente, muchas esposas en esta categoría todavía engañan a sus maridos y mienten frente a sus hijos. Este no es el comportamiento que corresponde a un cristiano. Si un cristiano es completamente salvo, deberá ser salvo de estar en semejante condición.

Hace diez años, yo servía en cierta localidad. Un día, un hermano se acercó a mí y me dijo: "Tengo un problema que he tratado de resolver desde hace varios días y no he podido hacerlo. Por favor, ayúdeme". Entonces le pregunté en qué consistía el problema, y él me explicó: "Yo fui salvo hace mucho tiempo, pero luego me descarrié. No sólo jugaba naipes todo el tiempo, sino que hurtaba electricidad de la compañía eléctrica. En ese tiempo, muchos hacían lo mismo, y yo lo hacía todos los días. Pero ahora, por la misericordia de Dios, he sido reavivado y siempre que pienso en los días en que robaba electricidad, siento un profundo malestar. No sé qué hacer". Les pido que presten atención al hecho de que, antes de ser salva, esta persona no temía a nadie, ni tampoco temía los cielos ni la tierra; no obstante, temía al encargado de leer el medidor de luz de la compañía eléctrica. Así pues, esta persona temía al hombre, pero no a su conciencia. Un día, sin embargo, esta persona fue reavivada lo suficiente como para percibir que su conciencia no estaba en paz. Como resultado, le fue imposible seguir hurtando y sintió, más bien, que debía pagar por toda la electricidad que había hurtado en el pasado. Cuando acudió a mí, él se encontraba en esta difícil situación. Entonces le dije: "Es muy sencillo. Todo lo que tiene que hacer es calcular el valor aproximado de la electricidad que hurtó en el pasado, y luego, pague a la compañía eléctrica el importe correspondiente". Este hermano me respondió: "Hacer eso me parece muy difícil. En primer lugar, me parece difícil calcular exactamente la cantidad, y en segundo lugar, me da mucha vergüenza y carezco de la valentía necesaria para hacerlo". Entonces le respondí: "No es tan difícil. Primero, calcule el importe aproximado, y luego añádale un poco más. En tanto que su conciencia no lo condene, eso bastará. Y segundo, aunque es una vergüenza tener que hacer esto, al mismo tiempo es algo glorioso, pues Dios se complace cada vez que alguien se arrepiente y se lamenta por lo que ha hecho en el pasado".

Este hermano pensó acerca de lo que le dije y le pareció razonable; así que, al regresar calculó el importe, firmó un cheque y escribió una carta muy sincera dirigida a la compañía eléctrica en la que les contaba toda la historia. El escribió: "Hurté electricidad de vuestra compañía en el pasado, pero ahora, soy cristiano. Mi conciencia me pesa y me insta a efectuar la restitución debida pues, de otro modo, no tendré paz". Poco después, un hermano a cargo de una tienda de artefactos eléctricos, fue a la compañía eléctrica para tratar ciertos asuntos. El jefe del departamento de contabilidad, en cuanto vio a este hermano, le dijo: "Por favor ayúdeme; examine este cheque y dígame si es verdadero o falso. ¿Será que esta persona está loca?". El hermano contestó: "Yo conozco a este individuo; él no está loco". Entonces, el hermano le dio testimonio acerca de lo sucedido, con lo cual causó una profunda impresión en este jefe de contadores. Había una hermana que solía ser muy descuidada. En 1932, al ser reavivada por Dios, empezó a vivir según su conciencia. Gracias al sentir de su conciencia, se dio cuenta de que hace algunos años ella había cometido un acto deplorable. En ese tiempo, era fácil viajar de Nankín a Shangai, pues había un tren directo que unía estas ciudades. Sin embargo, para viajar en este tren uno debía comprar un boleto. Esta hermana había estudiado en los Estados Unidos y era profesora en una universidad. Además, desempeñaba cierto cargo de responsabilidad entre los estudiantes. Muchas personas que trabajaban en la administración de ferrocarriles la conocían y la ayudaron a obtener un pase de empleado que le permitiera viajar gratis en el tren. A pesar de tratarse de una persona que se había graduado de la universidad, con estudios en el extranjero y que dictaba clases en la universidad, pudo cometer un acto tan deplorable que la hizo comportarse como un vil ladrón al codiciar tan insignificante beneficio. La mayoría de las personas que son rebeldes y no se sujetan a la ley, primero desobedecen a Dios y luego hacen caso omiso de su conciencia para, finalmente, desafiar la ley. Así pues, cuando desafían la ley, esto indica que ya han desobedecido a Dios y han hecho caso omiso de su conciencia. Al llegar a tal nivel, con tal de que no sufran el castigo de la ley, son capaces de cometer cualquier acto. Esta es la condición en la que se encuentra el hombre caído.

Sin embargo, cuando esta hermana fue salva, su conciencia inmediatamente la iluminó y le hizo percibir que había hecho algo injusto y que tenía una deuda con el gobierno por haber utilizado un pase de empleado. No tenía paz y esto hizo que buscara tener comunión al respecto con algunos santos. Los santos le dijeron que ella debía calcular el valor de lo que había sustraído y tomar medidas minuciosas al respecto. Ella les dijo, a su vez, que el problema no era pagar el dinero que debía, sino que no sabía cómo calcular el importe ni cómo regresar el dinero. En ese tiempo, los ingresos que recaudaba la administración del ferrocarril que unía Nankín y Shangai, iban al erario nacional. A la luz de todo esto, los hermanos sugirieron que una vez que ella hubiese calculado el monto respectivo, debía enviar el dinero directamente al Ministro de Finanzas, porque si el dinero tuviese que ser transferido desde los escalafones más bajos de la empresa, era fácil que el dinero se extraviara. Por lo tanto, esta hermana escribió una carta dirigida al Ministro de Finanzas y se la envió junto con el dinero. Más tarde, el periódico de Nankín publicó esta historia.

MANTENER UNA CONCIENCIA SIN OFENSA

Toda persona salva debe mantener una conciencia sin ofensa, pues si no lo hace no tendrá paz interna. Si no mantiene una buena conciencia, no podrá orar adecuadamente. Además, si no mantiene una conciencia sin ofensa, su lectura de la Biblia será insípida y no tendrá poder al predicar el evangelio. Si usted no ha tomado las medidas necesarias para mantener una conciencia sin ofensa, no podrá recorrer la senda que tiene por delante. Todo aquel que ha sido salvo, tiene que pasar por esta etapa si quiere avanzar en el camino. Nuestra conciencia es como una ventana, y nuestro ser es como un cuarto; la luz que el cuarto (nuestro ser) recibe, debe pasar por la ventana (nuestra conciencia). Al principio, dentro de nosotros no hay luz, sino sólo tinieblas; pero nuestra conciencia es como una ventana que permite que la luz entre en nuestro ser.

Antes de ser salvos, nuestra conciencia era como una ventana sumamente sucia manchada de masilla, la cual no dejaba pasar la luz. Como resultado, nuestro ser se encontraba en un estado de absoluta oscuridad. Sin embargo, una vez que somos salvos, el Espíritu Santo entra en nosotros y hace que nuestro ser esté lleno de luz. Entonces, podemos percibir de inmediato que estamos mal. Cuando esto sucede, debemos arrepentirnos y confesar nuestros pecados delante de Dios; y, ante los hombres, debemos tomar medidas con respecto a los pecados que hayamos cometido. Cada vez que confesamos un pecado o tomamos medidas con respecto a algún pecado, quitamos un poco de la masilla que cubre la ventana.

Lo maravilloso es que, antes de limpiar la ventana, no nos dábamos cuenta de lo sucia que estaba; así que, cuanto más la limpiamos, más sucia nos parece que está. Una vez que limpiamos la ventana aunque sea un poquito, revolvemos toda la suciedad grasosa que la cubría. Entonces, cuando la luz atraviesa esa ventana, parece que está más sucia que antes. Pero a la postre, la ventana estará limpia.

Sucede lo mismo con nuestra conciencia. Cuando recién fuimos salvos, tal vez creíamos que apenas habíamos cometido unos cuantos errores delante de Dios, pero una vez que comenzamos a confesar estos errores, de inmediato empezamos a descubrir muchos pecados más graves. Con el tiempo, cuantas más medidas tomemos con respecto a nuestros pecados, menos pecados tendremos. Esto es como limpiar una ventana: cuanto más la limpiamos, menos hollín tiene. Como resultado de este proceso, tenemos paz interna y, espontáneamente, se nos hace fácil orar a Dios. Cuando la lluvia salpica barro o arena en una ventana sucia, difícilmente podemos ver algo en el interior de la casa; sin embargo, después de limpiar la ventana, cuando un poquito de arena o barro la salpica, inmediatamente nos damos cuenta de ello. Son muchas las personas que a pesar de haber hecho algún mal, nunca perciben que están equivocadas. Esto prueba que nunca han tomado las medidas necesarias para mantener su conciencia sin ofensa.

LA CONCIENCIA Y LA FE ACTUAN JUNTAS

Todo aquel que quiera avanzar en la senda de la vida divina tiene que mantener una buena conciencia, puesto que la conciencia y la fe actúan juntas. Cuando oramos, necesitamos fe. Orar sin fe equivale a no orar en absoluto. Dios sólo atiende las oraciones hechas con fe, y El no escuchará ninguna oración que no provengan de la fe. Sin embargo, una vez que tenemos algún problema de conciencia, perdemos la fe; y toda vez que haya un agujero en nuestra conciencia, la fe se escapa por él. Es cierto que todavía podemos orar y suplicar, pero si no tenemos fe y nuestra conciencia es insensible, seremos como un neumático que tiene un agujero: cuanto más aire le insuflemos, más será el aire que se escapa y más desinflado estará. En 1 Timoteo 1:19 dice: "Manteniendo la fe y una buena conciencia, desechando las cuales naufragaron en cuanto a la fe algunos". La tendencia a corromperse que existe en la sociedad, no estaba presente en sus inicios; esto no ocurría en el pasado. Hoy en día, incluso los círculos académicos están saturados de mentiras. Los maestros engañan a sus alumnos, y los alumnos engañan a sus padres. Dondequiera que sea, hay muchas mentiras. Esto es particularmente cierto en el caso de los jóvenes. Incluso jóvenes cristianos mienten tanto en su casa como en su escuela. Ellos piensan que les es muy difícil no mentir. Esta es la razón por la cual no realizan ningún progreso en la fe.

Si somos incomodados interiormente al mentir, debemos tomar medidas minuciosas al respecto y no hacer caso omiso de tal sentir. Si le decimos una mentira a alguien y, en consecuencia, no tenemos paz en nuestra conciencia, tenemos que acercarnos a esa persona y resolver esa situación de inmediato, diciéndole: "Lo siento mucho. Lo que acabo de decirle era mentira; no es verdad". De esta manera, nuestro ser interior estará lleno de luz. Quizás estemos llenos de luz por tres días, hasta que nos enfrentamos con otro incidente y mentimos de nuevo. Tan pronto como esto sucede, debemos obedecer inmediatamente el sentir de nuestra conciencia. Si no lo hacemos, después de tres o cuatro incidentes parecidos, gradualmente nuestra conciencia se hará insensible; y una vez que esto suceda, no sólo diremos más mentiras, sino que haremos cosas aun peores y naufragaremos en cuanto a la fe.

Así pues, me temo que la conciencia de muchos cristianos no pasará esta prueba. Una vez, un predicador me contó algo que él vio una vez cuando fue a visitar a un pastor. Al momento de sentarse, el hijo del pastor se acercó a su padre y le dijo que alguien lo estaba buscando. Entonces este pastor le dijo a su hijo, en presencia del predicador: "Dile que no estoy en casa". Esto muestra cuán fácil es mentir, ya que la mentira lo resuelve todo. Sin embargo, una vez que mentimos, interiormente nuestra conciencia es cauterizada como con un hierro candente. Si hacemos esto una y otra vez, nuestra conciencia se hará insensible y llegará a estar como muerta. La conciencia de muchas personas no es una conciencia viva sino una conciencia muerta, debido a que han adquirido el hábito de mentir. Un cristiano no podrá orar de manera genuina una vez que haya mentido, ni tampoco podrá orar de modo genuino una vez que se haya enojado. Algunas personas dicen haber visto a cristianos orar inmediatamente después que se enojaron. De cierto, hay personas así, pero Dios nunca escuchará la oración de alguien cuya conciencia se ha hecho insensible. Si una persona no escucha la voz de su conciencia, Dios tampoco escuchará la voz de esa persona. Aquellos cuya conciencia se ha hecho insensible, ciertamente no tienen fe en su oración. Dios no escucha la oración de un mentiroso. Una vez que la conciencia de una persona ha sido corrompida, tiene un agujero o se ha hecho insensible, ella no podrá interpretar el sentir de su conciencia, y Dios dejará de escuchar la oración de esta clase de persona.

PROCUREMOS TENER SIEMPRE UNA CONCIENCIA SIN OFENSA ANTE DIOS Y ANTE LOS HOMBRES

En Hechos 24:16 Pablo dice: "Y por esto procuro tener siempre una conciencia sin ofensa ante Dios y ante los hombres". Una conciencia sin ofensa es una que no tiene agujeros o grietas. Si confesamos nuestros pecados ante Dios y tomamos medidas con respecto a los pecados cometidos ante los hombres, nuestro ser interior estará limpio de todo pecado y nuestra conciencia será pura. Sólo podemos servir a Dios si tenemos una conciencia pura. Si anhelamos que nuestro servicio sea aceptado por Dios, tenemos que servir con una conciencia pura. Si nuestra conciencia no es pura, no sólo nuestras oraciones no serán contestadas, sino que no contarán para Dios. La conciencia de algunas personas es como un barco que ha naufragado. Si bien hay quienes no prestan atención a su conciencia, nosotros, quienes somos salvos, jamás debemos pasar por alto aún los errores más pequeños; más bien, debemos tomar medidas minuciosas al respecto. No necesitamos exhortar a la gente a entusiasmarse, puesto que el entusiasmo ciego no será de beneficio alguno. Si deseamos seguir a Dios según la vida divina y anhelamos recorrer la senda que tenemos por delante, debemos ir en pos de El y honrar Sus principios. Si anhelamos servir a Dios y deseamos que nuestro servicio sea de Su agrado, debemos tener siempre la presencia de Dios y debemos estar siempre llenos de luz y tener fe todo el tiempo. De esta manera, podremos experimentar constantemente la luz, la revelación, la vida y el poder. Siempre y cuando hayamos procurado, de manera minuciosa y exhaustiva, mantener una conciencia sin ofensa, seremos capaces de recorrer esta senda de una manera recta y adecuada.

CAPITULO SIETE

DEBEMOS VIVIR CONFORME A NUESTRA CONCIENCIA Y DELANTE DE DIOS

EL HOMBRE CAIDO NO ES GOBERNADO POR SU CONCIENCIA

En 1 Timoteo 1:5 dice: "Pues el propósito de esta orden es el amor nacido de un corazón puro, una buena conciencia y una fe no fingida". El versículo 19 añade: "Manteniendo la fe y una buena conciencia, desechando las cuales naufragaron en cuanto a la fe algunos". Asimismo, 2 Timoteo 1:3 dice: "Doy gracias a Dios, al cual sirvo desde mis antepasados con una conciencia pura". Efesios 4:19-20 menciona: "Los cuales, después que perdieron toda sensibilidad [conciencia], se entregaron a la lascivia para cometer con avidez toda clase de impureza. Mas vosotros no habéis aprendido así a Cristo". Todos estos versículos nos muestran la importancia de la conciencia. Después que el hombre cayó, Dios dispuso que éste fuera gobernado por su conciencia. Por lo tanto, si la condición del hombre es normal, estará atento al sentir de su conciencia. Sin embargo, el hombre caído ni presta atención al sentir de su conciencia ni es gobernado por su conciencia; al contrario, se entrega a la lascivia.

LA GRACIA DE DIOS FORTALECE AL HOMBRE

Una vez que una persona es salva, tiene en ella la vida de Cristo. Sin embargo, si desea progresar en la vida de Cristo, tiene que tomar medidas exhaustivas para mantener una conciencia sin ofensa. Si la conciencia de un cristiano registra alguna ofensa que no ha sido resuelta, él no podrá progresar en nada. Quizás para algunos hablar así es hablar con severidad excesiva. Es posible que piensen que estos cuatro asuntos —realizar una confesión exhaustiva de nuestros pecados delante de Dios, tomar medidas minuciosas con respecto a los pecados cometidos delante de los hombres, mantener una conciencia sin ofensa y consagrarse a Dios de manera absoluta— son demasiado difíciles de llevar a cabo y parecen contradecir las palabras de gracia. Por una parte, se nos ha dicho que todo depende de la gracia de Dios y de lo que El hace, y que no necesitamos hacer nada; por otra, se nos ha dicho que debemos realizar una confesión exhaustiva, tomar medidas con respecto a nuestros pecados y consagrarnos a Dios. Estos dos aspectos aparentemente son contradictorios entre sí, de modo que el hombre no sepa qué hacer. Las palabras de gracia son placenteras al oído, constituyen una provisión plena y resultan muy reconfortantes, mientras que las palabras que nos instan a tomar ciertas medidas pueden parecernos demasiado severas, casi crueles, muy difíciles de aceptar y que van más allá de lo que el hombre es capaz de hacer. Así pues, el hombre se encuentra en un dilema.

En realidad, la gracia de Dios no debilita al hombre sino que, más bien, lo fortalece. El hecho de que un cristiano no confiese exhaustivamente sus pecados delante de Dios o que no tome medidas minuciosas con respecto a sus pecados delante de los hombres, es prueba de que está carente de gracia. Si un automóvil no arranca, se debe a que está estropeado o le falta combustible. Cuando un auto está en buenas condiciones y tiene suficiente combustible, con certeza habrá de funcionar normalmente. De igual manera, si un cristiano no ha realizado una confesión exhaustiva de sus pecados delante de Dios, o no ha tomado medidas detalladas con respecto a sus pecados delante de los hombres, esto es prueba de que está carente de la gracia de Dios. Si el cristiano no presta la debida atención a su conciencia ni se consagra absolutamente a Dios, esto es también prueba de que carece de la gracia de Dios. Lo que Dios exige y la gracia de Dios no son incompatibles entre sí; sino que, por el contrario, se complementan mutuamente.

RECIBIR LA GRACIA DE DIOS
PARA CUMPLIR CON LO QUE DIOS EXIGE

Muchas de las leyes naturales que rigen el mundo físico poseen dos facetas que, aparentemente, son contradictorias entre sí. Quienes hayan estudiado física saben que en este universo existen dos fuerzas distintas, a saber: la fuerza centrípeta y la fuerza centrífuga. La razón por la que muchos objetos no caen al suelo es porque tanto la fuerza centrípeta como la fuerza centrífuga están operando conjuntamente. Una lámpara es otro ejemplo. Para que una lámpara alumbre, requiere de dos cables eléctricos; si tuviese sólo un cable, no funcionaría. Otro ejemplo es que en el universo no sólo existe el agua de lluvia, sino también los rayos solares; mientras que el agua de lluvia suministra, los rayos solares consumen. Unicamente cuando el agua de lluvia y los rayos del sol operan conjuntamente, podrán crecer los organismos vivos. Si las plantas recibieran únicamente el resplandor del sol durante todo el año y no fueran regadas por la lluvia, les sería imposible crecer. De modo inverso, si sólo fueran regadas por la lluvia y no recibieran los rayos solares, las plantas tampoco podrían crecer. Aún más, también sabemos que existe tanto el día como la noche; de modo que hay, en perfecto orden, labor y reposo para todas las cosas. Asimismo, el crecimiento de una persona depende tanto del suministro como del consumo; por ello, todos los médicos exhortan a la gente a alimentarse apropiadamente y a hacer ejercicio. Alimentarnos constituye un suministro, mientras que hacer ejercicio consume. La vida espiritual sigue el mismo principio.

Si un cristiano sólo recibe la gracia y el amor de Dios y no cumple con lo que Dios requiere, definitivamente no crecerá de forma apropiada. Cuanto más un cristiano reciba la gracia de Dios y cumpla con lo que Dios exige, mejor y más rápido será su crecimiento. Un cristiano apropiado debe, por una parte, recibir la gracia y amor de Dios mientras que, por otra, debe cumplir estricta y absolutamente con lo que Dios exige. Si Dios le pide que tome ciertas medidas con respecto a sus pecados, un cristiano apropiado tomará estas medidas sin reservas. Si Dios le pide que confiese los pecados que ha cometido, él lo hará sin argumentar. Si Dios le pide que se consagre, se consagrará a Dios de manera absoluta. Si Dios le pide que tome medidas a fin de mantener una conciencia sin ofensa, esta persona lo hará de la manera más completa. Un cristiano apropiado no es descuidado, ni tampoco hace nada a medias; más bien, procura minuciosamente mantener una buena conciencia. Las personas experimentadas pueden dar testimonio de que cada vez que una persona recibe gracia delante de Dios, con toda certeza confesará sus pecados, tomará medidas respecto a ellos, se consagrará a Dios y mantendrá una conciencia sin ofensa.

Una persona que confiesa sus pecados, toma medidas con respecto a ellos, se consagra a Dios y mantiene una conciencia sin ofensa, con toda certeza recibirá más gracia. Si hacemos suficiente ejercicio, con toda seguridad nos gustará comer y comeremos bien. De igual manera, cuanto más estrictamente cumplimos con lo que Dios exige, más poderosa será Su gracia en nosotros. En apariencia, estas dos cosas son contradictorias entre sí; pero de hecho, se complementan mutuamente. Sin la gracia de Dios nos sería imposible cumplir con estas demandas, y si no cumplimos con tales exigencias, no habremos de recibir más gracia. Espero que estas palabras no sean mal entendidas ni mal interpretadas, y no vayan a pensar que es imposible cumplir con tales requerimientos. Por la gracia de Dios, podemos cumplir con lo que Dios exige; y por la gracia de Dios, somos capaces de tomar medidas con respecto a todos los pecados.

AL TOMAR MEDIDAS CON RESPECTO A LOS PECADOS, EXPERIMENTAMOS LA GRACIA ESPECIAL DE DIOS

En mi vida cristiana personal, una vez tuve una experiencia inolvidable relacionada con tomar medidas respecto a mis pecados. Esta experiencia da testimonio de cuán grande es la gracia de Dios, puesto que fue la gracia de Dios en mi interior que sostuvo todo mi ser. Unicamente después de haber tomado medidas con respecto a mis pecados pude ver cuán inmensa es, verdaderamente, la gracia de Dios. Esta es una experiencia que jamás olvidaré en toda mi vida; sucedió seis o siete años después de mi salvación y fue la primera vez que yo verdaderamente tomé medidas con respecto a mis pecados.

En aquel tiempo, el Señor operó en mí y me reavivó, causando que orara todo el tiempo, le sirviera celosamente y tuviera el sentir de tomar medidas exhaustivas con respecto a mis pecados. Cierto día el Señor me iluminó y trajo a mi memoria un incidente que había ocurrido en mi juventud cuando trabajaba para cierta organización. Hubo un incendio en el edificio donde se hallaba esta organización, y toda la gente intentaba hurtar algo. Yo también llevé conmigo dos objetos muy pequeños: el primer objeto era un precioso tintero de porcelana para labores de caligrafía china, el cual puse en mi bolsillo mientras ayudaba a empacar las cosas de la compañía; el otro objeto que tomé era un cepillo para ropa, procedente del occidente, que se veía muy bonito. Puse el tintero en mi estudio, y todos mis amigos lo admiraban cuando lo veían. Además, poder usar ese cepillo occidental para cepillar mi ropa cuando me estaba vistiendo, era muy conveniente. Una vez que fui salvo, no percibí de inmediato que esto representara problema alguno; apenas tenía un sentimiento tenue con respecto al origen cuestionable de estos dos objetos. Seis o siete años más tarde, la gracia del Señor me alcanzó y comprendí que debía, de manera exhaustiva, tomar medidas con respecto al pecado cometido por hurtar aquellos dos objetos. Si tenía el tintero delante de mis ojos, me era imposible leer la Biblia; y el pequeño cepillo para ropa había perdido todas sus cerdas después de haber sido usado durante seis o siete años.

La necesidad de afrontar el robo de ambos objetos me ocasionó dos problemas. El primer problema fue que el hijo del que había sido mi jefe fue mi compañero de clase, y yo le conocía muy bien. ¿Cómo podía presentarme delante de él y confesarle mi pecado? Descubrí que esto era muy difícil de hacer. El otro problema era que el cepillo había perdido todas sus cerdas, así que ¿cómo podía devolverlo? Durante varios días y noches, apenas podía dormir debido a que sentía que no podía llevar esto a cabo. Luché con este asunto por un par de semanas, y cuanto más peleaba al respecto, más difícil se me hacía. Ante esto, supliqué a Dios que me diera el valor que necesitaba. Para aquel entonces, el jefe ya había fallecido; así que me pareció que en lugar de devolver esos dos objetos, debía pagar por ellos. Una vez que hube planificado los detalles, fui a la casa de mi antiguo compañero de clase un domingo por la tarde. Tenía todo preparado. Era al final del año, y resultó que mi compañero de clase estaba en casa. Cuando me vio me dijo: "¡Cuánto tiempo sin verte!". Con el rostro ruborizado, le respondí: "He venido a pedirte perdón, porque el día que tu compañía se incendió, me aproveché de la ocasión y robé este tintero de la oficina". El me respondió: "¡Pero eso no es nada! Esta clase de cosa insignificante no tiene importancia". Pero yo continué: "¡También hurté un cepillo! Pero como se ha desgastado por completo, deseo darte este dinero". El me respondió: "No te preocupes por eso. Esas son cosas insignificantes". Le supliqué que me entendiera, y al ver cuán sincero era, le fue imposible desestimar mi pedido. Pero en ese momento me preguntó: "¿Qué tienes en tu mano?". En aquel tiempo el gobierno no permitía que se imprimieran calendarios que incluyeran tanto el año lunar como el año solar, pero había una organización católica que publicaba muchos calendarios como éste. Por ser una organización procedente del occidente, el gobierno no interfería con sus actividades. Cada año esta organización enviaba calendarios a la compañía donde yo trabajaba, y eran dados a los empleados que tenían un rango elevado en la compañía. Cuando el hijo de mi jefe me preguntó qué llevaba en mi mano, le dije que era uno de esos calendarios. Entonces me dijo: "¡Qué bien! Dame el calendario y quédate con tu dinero. El calendario reemplazará lo que robaste". Claro, por una parte yo estaba contento, pero por otra, me sentí triste.

Aunque había tomado medidas con respecto al pecado que cometí, mi antiguo compañero de clase no quiso recibir el dinero y esto me molestaba. Camino a mi casa oré: "Oh Señor, ¿qué debo hacer con el dinero?". En ese momento, tuve una idea: "Ya sé, le daré este dinero a un pordiosero; no a un pordiosero común, sino a uno especial, a uno que haya sido afectado por la guerra en los suburbios". Cuando llegué a casa ya era de noche. Alguien tocó a la puerta, y cuando la abrí, allí estaba una persona que me dijo: "Señor, ¡por favor, tenga misericordia de mí!". Cuando lo vi me di cuenta de que era un pordiosero. El continuó diciéndome: "No he comido en todo el día". Inmediatamente le pedí que entrara y le serví panecillos, agua y algunos platillos chinos para comer. Después que terminó de comer le di más panecillos. El me dijo muy avergonzado: "Usted es un buen hombre". A lo que le respondí: "No, yo no soy bueno. Jesús tiene este dinero para usted. Tómelo". Entonces, salimos de la casa y una vez en la calle, hizo una reverencia sincera y se alejó. De regreso a mi casa me encontré con un hermano ya anciano que insistió en darme un calendario. Cuando llegué a la casa y lo miré, me di cuenta de que era un calendario con el año lunar y el año solar. Y le dije al Señor: "¡Oh Señor, qué temible y maravilloso eres! Preparaste un pordiosero y un calendario para mí. Sin duda he recibido Tu gracia especial".

Al tomar medidas con respecto a nuestros pecados, tenemos la presencia del Señor, y después de haberle obedecido, le conocemos más. Tomar medidas con respecto a nuestros pecados y mantener una conciencia sin ofensa no tienen nada que ver con la ley, sino con la gracia. Cuanto más conocemos y experimentamos la gracia, más tomaremos medidas con respecto a nuestros pecados, y cuanta más gracia recibamos, más creceremos. Espero que todos nosotros lleguemos a ser cristianos maduros, no de esos que están "medio crudos". Esto no se puede hacer si estamos bajo la ley, ya que requiere del suministro de la gracia. Cuanto más tratemos con el problema de nuestros pecados, más santificados seremos.

SER SALVOS PARA VIVIR CONFORME A NUESTRA CONCIENCIA

En el principio, el hombre cayó de la presencia de Dios al régimen de la conciencia; y luego, de la conciencia al gobierno de los hombres. Por lo tanto, son tres las entidades que rigen al hombre: en primer lugar, Dios mismo; en segundo lugar, la conciencia; y en tercer lugar, el hombre mismo. Quienes viven delante de Dios constituyen la clase de persona más elevada. Los que viven según su conciencia no pertenecen a la categoría más elevada de personas, pero son relativamente buenas. Los que viven bajo el régimen humano, están en la más baja de las categorías: se trata de personas que no obedecen a su conciencia ni tampoco viven en la presencia de Dios, sino que se atreven a hacer cualquier cosa. Son muy pocas las personas que viven delante de Dios; la mayoría vive delante del hombre. Los maridos tienen temor de ser sorprendidos por las esposas, y las esposas tienen temor de ser sorprendidas por los maridos. Los hijos temen que sus padres los sorprendan, y los padres temen que sus hijos los sorprendan. Los médicos viven temerosos de que las enfermeras los sorprendan haciendo mal, mientras que las enfermeras temen que los médicos las sorprendan haciendo algo erróneo. Así pues, todos viven temerosos de que sus semejantes los encuentren haciendo algo impropio. Cuando no somos regidos por nadie, somos capaces de cometer toda clase de actos inmorales. Las personas que sólo temen al hombre —ya sea la policía, el juez o los militares— son las personas más bajas y caídas. Lo único que temen es ser vistos por los hombres, pero no temen a Dios mismo. En la actualidad, los cristianos viven más tiempo delante de los hombres que conforme a su conciencia. Quienes viven en la presencia de Dios, son regidos por Dios; los que viven según su conciencia, son regidos por ella; y quienes viven delante de los hombres, son regidos por sus semejantes. Estas tres maneras de vivir —vivir delante de Dios, vivir en conformidad con nuestra conciencia y vivir delante de los hombres— se denominan, respectivamente, el régimen de Dios, el régimen de la conciencia y el régimen de los hombres.

Cuando fuimos salvos, Dios nos salvó de vivir bajo el gobierno de los hombres. Antes de haber sido salvos, siempre y cuando otras personas —ya sean nuestros cónyuges, nuestros maestros o nuestros supervisores— no nos vieran, podíamos cometer toda clase de inmundicia en provecho propio. Pero un día, el Señor nos salvó del pecado y del mal. Además, también fuimos salvos de vivir meramente bajo el régimen de los hombres. Ahora, si somos hijos, no violamos las normas que rigen en nuestra familia; y, como ciudadanos, definitivamente somos personas que se sujetan a la ley. ¿A qué se debe esto? Se debe a que somos salvos y, ahora, si nuestra conciencia no nos permite hacer algo, definitivamente no lo haremos. Si ésta no es nuestra experiencia, ¿cómo podemos decir que somos salvos? Aunque hemos sido salvos, a veces nos comportamos como si no lo fuéramos: quienes son estudiantes todavía quebrantan las reglas de la escuela a espaldas de sus maestros, y quienes son esposas todavía mienten a sus hijos y a sus esposos. Un cristiano que anhela vivir delante de Dios, en Su presencia, debe ser uno que experimenta la salvación de Dios por lo menos hasta el punto en que vive conforme a su conciencia.

Este camino es muy elemental. La caída del hombre bajo el régimen de su conciencia constituye tan sólo una breve etapa. Después de esto, el hombre cayó aún más, y llegó a estar bajo el gobierno de los hombres. Todo cuanto la conciencia prohíbe, de hecho es prohibido por Dios mismo, y lo que no agrade a nuestra conciencia tampoco agrada a Dios. Todo aquello que nuestra conciencia condene, es condenado por Dios, y todo lo que ella censure, de hecho, también es censurado por Dios. Después que un cristiano es salvo, si no presta atención a su conciencia ni cumple con lo que su conciencia exige de él, estará desobedeciendo a Dios, le mentirá a Dios y le será imposible recibir la gracia de Dios. Por el bien de los nuevos creyentes, debo decir que esto no quiere decir que esta persona no haya sido salva. Definitivamente ha sido salva, pero debido a que no presta atención a la palabra de Dios, no vence. Por consiguiente, debemos obedecer detalladamente a nuestra conciencia y eliminar todo aquello que ella condene, censure o prohíba.

Me temo que muchos de los hijos de Dios que están entre nosotros tienen una conciencia llena de ofensas y agujeros. En el caso de algunos, su conciencia es como una vasija llena de agujeros por donde se escapa toda el agua que se ha echado en ella. Aunque hemos oído muchos mensajes, al recibirlos, éstos se "cuelan" inmediatamente. Aparentemente somos impresionados e iluminados cada vez que leemos la Biblia, pero todo ello nos abandona rápidamente y llegamos a ser como un automóvil que se ha quedado sin combustible. En 1 Timoteo 1:19 dice que si desechamos una buena conciencia, naufragaremos. Hoy en día, son muchos los cristianos que no avanzan en la vida divina debido a que nunca han tomado medidas exhaustivas para mantener una conciencia sin ofensa. Si ellos no le dan importancia a esto, les será imposible seguir adelante. Sin embargo, lo maravilloso es que todas las veces que tomamos medidas para mantener una buena conciencia, nos acercamos a Dios. Una vez que estamos bajo el régimen de nuestra conciencia, somos inmediatamente liberados del régimen de los hombres y vivimos delante de Dios.

VIVIR DELANTE DE DIOS

Quizá algunos pregunten: ¿Qué significa la expresión "vivir delante de Dios"? Vivir delante de Dios significa que somos dirigidos y gobernados directamente por Dios. Hace algún tiempo, conocí a una hermana que tenía mucha madurez en el Señor. Ella había vivido en Nankín por casi treinta años. Al final del año lunar, ella deseaba comprar algo, no porque siguiera las costumbres del mundo, sino porque tenía una necesidad específica. Ella calculó que el dinero que necesitaba era un total de ciento veinte yuanes chinos. Puesto que estaba sirviendo al Señor de tiempo completo y no recibía salario alguno, ella no siempre tenía dinero a su disposición. Así que, oró a Dios: "¡Oh Dios! Soy tu sierva y ahora vengo ha decirte cuál es mi problema. No quiero la ayuda del hombre, pero si Tú no me das los ciento veinte yuanes, esto sería una vergüenza para Ti". Poco tiempo después, un colaborador que vivía a una distancia de unas cuantas provincias de esta hermana anciana, repentinamente tuvo el sentir de que ella tenía necesidad de dinero. La cantidad que vino a su mente fue exactamente ciento veinte yuanes chinos. Esta historia es verídica. Al ver que las festividades del año nuevo lunar estaban cercanas y que si le remitía ese dinero, éste llegaría demasiado tarde, el hermano le envió un telegrama. Cuando esta hermana recibió el telegrama, la suma era exactamente la que ella había pedido al Señor. Esto no tiene que ver con la conciencia, sino con el hecho de vivir delante de Dios.

La conciencia se ocupa de lo correcto y lo incorrecto. La conciencia no es necesariamente Dios mismo que nos habla directamente, sino un medio que El usa para hablar con nosotros. Cuando esta hermana oró, ¿cómo pudo aquel colaborador, que vivía a unas cuantas provincias de distancia, haber sabido que ella necesitaba ciento veinte yuanes? Esto es producto de una vida llevada delante de Dios y en comunión con Dios. Este colaborador era una persona que tomaba medidas exhaustivas para mantener una conciencia sin ofensa y que vivía en la presencia de Dios. Al estar en comunión con Dios, Dios le pudo hablar directamente y dirigirlo. Tenemos que entender lo siguiente: la persona que ha sido librada del gobierno humano, que vive conforme a su conciencia, que tiene comunión con Dios y que vive directamente en la presencia de Dios, es una persona que trasciende lo correcto e incorrecto. Si alguien acude a él con un caso, él no se ocupará de ello basándose meramente en lo que es correcto o está equivocado; más bien, dará su juicio estando delante de Dios. Debemos saber que desde la perspectiva de lo correcto e incorrecto, mucha gente puede estar en lo correcto y, aún así, estar errada a los ojos de Dios. Para saber esto, se requiere del sentir de nuestro espíritu.

Por ejemplo, cierto día dos hermanos envueltos en una disputa acudieron a mí. Si yo hubiese sido salvo sólo hasta el punto de vivir conforme a mi conciencia, les habría dicho, basado en lo correcto y lo erróneo, según el sentir en mi conciencia: "Hermano Huang, usted está equivocado" o "hermano Sun, es usted quien erró". Pero si soy alguien que estoy aprendiendo a vivir delante de Dios y que estoy aprendiendo a conocer mi conciencia y a mantenerla sin ofensa, iré más profundo que el sentir de mi conciencia y juzgaré según mi espíritu, viviendo de manera absoluta en la presencia de Dios. En lo que respecta a lo correcto y lo incorrecto, posiblemente haya sido el hermano Huang quien erró y el hermano Sun quien estaba en lo correcto; sin embargo, en lo que respecta a tener un espíritu apropiado, puede ser que el hermano Huang estaba en lo correcto porque tenía un espíritu recto delante de Dios. Es posible que alguien esté equivocado desde el punto de vista de lo correcto y lo incorrecto y, sin embargo, puede tener un espíritu recto delante de Dios. Recíprocamente, uno puede estar en lo correcto desde la perspectiva de lo correcto y lo equivocado, y aún así, no tener un espíritu recto a los ojos de Dios.

Quizá ustedes digan que esto es muy complicado y se pregunten cómo es posible que una persona pueda estar errada desde la perspectiva de lo correcto e incorrecto y, aún así, estar en lo correcto con respecto a su espíritu. Por ejemplo, siempre enfrentamos situaciones en las que el esposo y la esposa discuten entre sí. Cierto día, una hermana acudió a mí diciendo: "Hermano, cuando mi esposo, su hermano, está contento, se levanta a las tres de la mañana a orar y a leer la Biblia. Después de ser lleno del Espíritu Santo, sale a predicar el evangelio. Yo cocino para él, pero no come porque me dice que tiene que ayunar y orar. Ya ve, así es su hermano; su conducta es insoportable. Usted tiene que hacer algo al respecto". Toda la razón del universo parece estar del lado de la hermana; las hermanas siempre tienen la razón. Es cierto que el hermano estaba errado, pero esta hermana carecía de bondad. En lo que respecta a lo correcto y lo erróneo, ella estaba en lo correcto; pero delante de Dios, ella estaba errada. Aún cuando ella estaba en lo correcto, puesto que su persona estaba errada, estaba totalmente equivocada.

En otra ocasión, una hermana vino con su hijo a quejarse de su esposo. Vinieron a verme, y ella me dijo: "Hermano Lee, cuando mi hijo tiene que comprar libros, mi esposo no me da el dinero para comprarlos, y cuando tengo que comprar alimentos, tampoco me da dinero para comprarlos. Todo lo que él hace es predicar el evangelio; y lo demás, no le importa. Ya sea que se levante tarde o temprano, todo lo que hace es orar". Esta hermana vino a mí exigiendo explicaciones, y su hijo también me preguntaba: "¿Acaso mi padre está en lo correcto cuando se comporta así? Verdaderamente no podemos soportar esta situación". No había nada que pudiera decirle a esta hermana. En aquel momento, el hermano se presentó y esta hermana me dijo: "Hermano Lee, ahora mismo usted puede preguntarle personalmente si esto es cierto o no". El hermano permaneció allí de pie mudo, mientras era interrogado como un criminal. Su esposa actuaba como si ocupara una posición más alta que la de un juez, y su niño estaba allí mirándolos. Todo lo que pude hacer fue llorar junto con el hermano. En lo que respecta a lo correcto y lo erróneo, puede ser que la esposa haya tenido la razón; sin embargo, en lo que respecta a la persona, era el hermano quien estaba en lo correcto. Si bien la esposa había sido salva, su carne era muy fuerte. Lo que ella dijo era correcto, pero su persona estaba errada.

Si queremos vivir delante de Dios, tenemos que, cuidadosamente, tomar medidas con respecto a nuestros pecados.

Había una esposa muy afable. En cierta ocasión ella vino a verme sin mostrarse enfadada, y me dijo que quería tener comunión conmigo. Me contó que su esposo oraba todo el tiempo y no llegaba a casa sino hasta la medianoche. Al decirme esto, lo hacía de manera muy dócil y no manifestaba enojo alguno. Si no hubiese aprendido acerca de la conciencia, fácilmente me habría dejado llevar únicamente por lo que ella manifestó. Al ver su actitud bondadosa y su manera amable, fácilmente podría haber pensado que ella era una persona que había aprendido mucho en el Señor; pero en realidad, ella estaba acusando a su esposo. Quienes hayan aprendido algo en el Señor, sabrán que lo que han escuchado es simplemente la superficie. Muchas veces, cuando estamos atentos a nuestra conciencia y vivimos delante de Dios, tenemos un sentir profundo que va más allá de lo que es correcto o incorrecto. Siempre que la luz resplandece, allí reina Dios, y Su vida también está presente. Si el hombre no recibe el resplandor de Dios para vivir conforme a su conciencia, le será muy difícil aprender a conocer la vida divina. Aún más, un día todos tenemos que ir más allá de vivir regidos simplemente por nuestra conciencia, y le diremos a Dios: "Oh Dios, no deseo vivir simplemente según mi conciencia, sino que deseo vivir directamente delante de Ti".

Capítulo ocho

PARA LOS HOMBRES "ESTO" ES IMPOSIBLE; MAS PARA DIOS TODO ES POSIBLE

DOS PARABOLAS

Hay dos parábolas en Mateo 21 y 22 que ocupan un lugar muy importante en la Biblia. El capítulo veintiuno nos habla de las labores en la viña, y el capítulo veintidós relata la fiesta de bodas. La viña tiene que ver con la labor, mientras que la fiesta de bodas alude al disfrute. La primera parábola relata que Dios envía a Sus esclavos a trabajar, y la segunda parábola nos dice que Dios llama a Su pueblo al disfrute. El trabajo exige que el hombre se esfuerce; en cambio, el disfrute es gratuito. Es menester que comprendamos plenamente el principio manifestado en estas dos parábolas. La primera parábola muestra que Dios requiere que el hombre haga un esfuerzo al laborar, esto es, que pague cierto precio. Dios exige que el hombre dé fruto. Sin embargo, la segunda parábola afirma que Dios solamente desea que el hombre disfrute. En otras palabras, no se exige que el hombre pague precio alguno debido a que todo ha sido preparado. En esta parábola, si hay algo que Dios exige del hombre, es que éste disfrute de aquello que Dios ha provisto. En la primera parábola, Dios exige algo del hombre, mientras que en la segunda parábola el hombre lo recibe todo de Dios.

¿A qué se refieren estas dos parábolas? Todo lector de la Biblia debe saber que la primera parábola se refiere a la dispensación de la ley, mientras que la segunda parábola se refiere a la dispensación de la gracia. En la dispensación de la ley, Dios se relacionaba con el hombre conforme a la ley y exigía que el hombre lo hiciera todo; pero en la dispensación de la gracia, Dios se relaciona con el hombre por medio de la gracia y desea que el hombre disfrute de todo lo que El ha hecho. Cuando Dios se relacionaba con el hombre conforme a la ley, bajo la dispensación de la ley, había una situación específica que produjo un determinado resultado. En la siguiente dispensación, en la que Dios se relaciona con el hombre conforme a la gracia, la situación es diferente y se produce un resultado distinto.

LA DISPENSACION DE LA LEY

Bajo la dispensación de la ley, Dios exige que el hombre trabaje, que tenga una conducta apropiada, que pague cierto precio esforzándose y que sude. Cuando el hombre estuvo bajo la ley del Antiguo Testamento, Dios nunca hizo provisión para el hombre sino que siempre exigió de él. En Mateo 21 hay una viña en la cual se necesita laborar mucho y en la cual se le exige al hombre que trabaje. La viña requiere que el hombre invierta en ella su tiempo y su esfuerzo. ¿Pero cuál fue el resultado? El resultado fue que el hombre no produjo fruto alguno para Dios, es decir, el hombre no logró nada. No es que la ley fuese errónea, sino que debido a la debilidad y perversidad de los hombres, al hombre le fue imposible lograr algo bueno. Por consiguiente, el Señor nos muestra en la primera parábola que a pesar de que Dios exigió repetidamente al hombre que produjese fruto, El no recibió fruto alguno. Esto nos indica que bajo la ley, si el hombre desea satisfacer las demandas de Dios mediante su propio comportamiento y justicia, los resultados son vanos y vacíos, debido a que el hombre no tiene la capacidad de hacerlo. Esta parábola no nos dice que el hombre dio poco fruto, sino que no dio fruto alguno. Si el hombre trata de cumplir lo que Dios exige bajo la ley, definitivamente fracasará y no logrará nada. Por lo tanto, la primera parábola se refiere claramente a la dispensación de la ley.

LA DISPENSACION DE LA GRACIA

La segunda parábola se refiere a la dispensación de la gracia. La dispensación de la gracia no se asemeja a una viña, sino a una fiesta de bodas. ¿Es necesario pagar para entrar a una fiesta de bodas? A nadie se le exige que pague para asistir a una fiesta de bodas. Esto nos muestra que bajo la dispensación de la gracia, Dios se relaciona con el hombre conforme a la gracia. Dios ha preparado todo, y nosotros somos los que hemos sido llamados simplemente a disfrutar. Tenemos que recurrir a Dios para que El nos muestre el principio de la gracia, de tal modo que podamos ver que todo está listo y ha sido preparado por El. Nosotros somos aquellos que han sido llamados simplemente a disfrutar, y no necesitamos pagar nada.

LA DIFERENCIA ENTRE LA LEY DEL ANTIGUO TESTAMENTO Y LA GRACIA DEL NUEVO TESTAMENTO

La ley requiere que trabajemos, mientras que la gracia requiere que recibamos. En la esfera de la ley, laboramos, mientras que en la esfera de la gracia, disfrutamos. Aquí se nos presentan dos cuadros: uno es el de la viña, donde todos laboran, y el otro es el de una fiesta de bodas, donde todos disfrutan. Bajo la dispensación de la ley, era el hombre quien trabajaba, laboraba y se esforzaba. Bajo la dispensación de la gracia, es Dios quien prepara todo y hace que todo esté listo; el hombre sólo debe disfrutar.

¿Qué significado encierran estas dos parábolas? Ya sabemos que una persona que desea crecer en vida delante de Dios, debe confesar sus pecados y debe tomar medidas con respecto a ellos y a su conciencia. Pero, algunos quizás digan que esta exhortación es demasiado elevada y se pregunten quién puede llevar esto a cabo. O, tal vez pregunten: "¿Quién puede tomar medidas tan exhaustivas en cuanto a sus pecados y a su conciencia? En el Nuevo Testamento, Dios exige de nosotros que confesemos nuestros pecados, que tomemos medidas con respecto a ellos, que mantengamos una conciencia sin ofensa y que nos consagremos a Dios de manera absoluta. ¿Estas son exigencias de la ley o de la gracia?". Si leemos cuidadosamente el Nuevo Testamento, descubriremos que hay determinados pasajes en los que se nos exige confesar nuestros pecados y mantener una buena conciencia. Por ejemplo, Mateo 5:26 dice: "De ningún modo saldrás de allí, hasta que pagues el último cuadrante".

Asimismo, en Hebreos 9:14 se nos dice que debemos tomar medidas con respecto a nuestros pecados a fin de poder servir al Dios vivo con una conciencia pura. Externamente, todas estas palabras parecen ser leyes, pero en el Nuevo Testamento, de hecho, éstas son palabras de gracia.

He aquí el problema: ¿No habíamos dicho que solamente la ley exige que las personas hagan ciertas cosas, y que la gracia tiene que ver únicamente con el disfrute, sin ninguna exigencia? Puesto que la confesión de pecados y las medidas a tomar con respecto a ellos, así como las medidas a tomar para mantener una conciencia sin ofensa, obviamente constituyen exigencias, ¿cómo podemos decir que están relacionadas con la gracia? A primera vista, todas estas cosas parecen ser exigencias; pero, de hecho, todo cuanto encontramos en el Nuevo Testamento es gracia, absolutamente gracia. En el Antiguo Testamento encontramos que Dios le exigió muchas cosas al hombre. Por ejemplo, Deuteronomio 6:5 dice claramente: "Y amarás a Jehová tu Dios de todo tu corazón, y de toda tu alma, y con todas tus fuerzas". El Nuevo Testamento también hace esta misma exigencia y nos dice que debemos abandonarlo todo para amar al Señor (Lc. 10:27; Mt. 19:29; Lc. 14:26). Estos dos mandamientos —uno en el Antiguo Testamento y el otro en el Nuevo Testamento— aparentemente son lo mismo, pero realmente no lo son.

LA LEY DEL ANTIGUO TESTAMENTO
PONE EN EVIDENCIA LA INCAPACIDAD DEL HOMBRE

Otro ejemplo es que el Antiguo Testamento exige que el hombre honre a su padre y a su madre (Ex. 20:12), y el Nuevo Testamento también exige que el hombre honre a su padre y a su madre (Ef. 6:2-3). El Antiguo Testamento requiere que el hombre sea santo (Lv. 19:2), y el Nuevo Testamento también requiere que el hombre sea santo (1 P. 1:16). Parece que el Antiguo Testamento y el Nuevo Testamento dicen lo mismo, y resulta difícil encontrar alguna diferencia entre ambos. Es cierto que tanto el Antiguo Testamento como el Nuevo Testamento proceden de la boca de Dios, pero la santidad mencionada en el Antiguo Testamento es verdaderamente diferente de la santidad revelada en el Nuevo Testamento. En pocas palabras, todos los mandamientos que se encuentran en el Antiguo Testamento tienen como fin demostrar la ineptitud e incapacidad del hombre. En tiempos del Antiguo Testamento, Dios promulgó la ley y dio los mandamientos para que el hombre los obedeciera y acatara, pero al hacer esto, El tenía un solo propósito: poner en evidencia la ineptitud e incapacidad del hombre.

¿Nos hemos preguntado alguna vez por qué, en el Antiguo Testamento, Dios deseaba que el hombre honrara a sus padres, fuera santo y amara a Dios? Cuando Dios promulgó la ley, ¿lo hizo para que el hombre la cumpliese o para que la violase? Quienes conocen la Biblia saben que le es imposible al hombre guardar la ley de Dios. Y si esto es así, ¿por qué Dios promulgó la ley? Debemos prestar mucha atención a esto. Debido a que el hombre no se conocía a sí mismo, Dios le impuso exigencias muy estrictas, a fin de que llegara a conocerse. Era como si Dios le dijera: "Estás gravemente enfermo y necesitas descansar, pero como no estás dispuesto a obedecer, no me queda otra alternativa que mandarte a laborar en la viña a fin de que conozcas tu verdadera condición".

El problema estriba en que hasta ahora muchos de nosotros aún seguimos sin conocernos a nosotros mismos. Dios, sin embargo, conoce al hombre completa y exhaustivamente. Al hombre le es imposible complacer a Dios, y ninguna de sus buenas obras podrán satisfacer los requerimientos divinos ni serán aceptables para Dios. No obstante, el hombre todavía siente que es muy capaz y que puede hacer cualquier cosa. Es en estas circunstancias que Dios ha promulgado la ley para el hombre y le exige que sea santo y le ame de manera absoluta. Puesto que el hombre no tiene la capacidad de cumplir ninguna de las leyes, a la postre, su ineptitud es puesta en evidencia.

Cuando en el Antiguo Testamento, Dios dictó la ley para el hombre, El jamás tuvo expectativa alguna de que el hombre guardase la ley, debido a que ya sabía que el hombre no sería capaz de hacerlo. El único propósito de la ley es demostrar la incapacidad del hombre. Así pues, todas las leyes del Antiguo Testamento sirven para poner en evidencia la ineptitud e incompetencia del hombre. Por consiguiente, siempre que leamos un mandamiento o parte de la ley, debemos postrarnos delante de Dios y exclamar: "Oh Dios, no puedo hacerlo. Tu deseas que te ame con todo mi corazón, con toda mi alma, con toda mi mente y con todas mis fuerzas; pero he aquí que, ni siquiera puedo darte uno de estos "todos", mucho menos podré entregarte los cuatro". Es exactamente a esta clase de comprensión a la que Dios quiere que lleguemos.

Lucas 10:27 dice: "Amarás al Señor tu Dios con todo tu corazón, y con toda tu alma, y con todas tus fuerzas, y con toda tu mente; y a tu prójimo como a ti mismo". La Biblia nos exige amar, y esta exigencia tiene dos facetas: cuatro "todos" hacia Dios —con *todo* nuestro corazón, con *toda* nuestra alma, con *todas* nuestras fuerzas y con *toda* la mente— y un "como" hacia el hombre: ama "a tu prójimo *como* a ti mismo". ¿Somos capaces de amar con algunos de esos "todos"? ¿Podemos cumplir con este "como"? En verdad, no somos capaces de amar ni siquiera con la mitad de estos "todos". Cuando estamos contentos, quizás amemos a Dios un poquito; y si el vecino nos agrada, tal vez lo amemos también un poquito. Ni siquiera somos capaces de amar a nuestros padres, mucho menos a nuestros vecinos. Por consiguiente, Dios promulgó la ley del Antiguo Testamento con el fin de poner en evidencia la ineptitud, la incompetencia y la incapacidad del hombre.

LA LEY DEL NUEVO TESTAMENTO DEMUESTRA QUE LO IMPOSIBLE PARA EL HOMBRE, ES POSIBLE PARA DIOS

Esto sucede con los mandamientos del Antiguo Testamento, pero ¿qué acerca de aquellos en el Nuevo Testamento? Los mandamientos y las leyes del Nuevo Testamento son diferentes de los del Antiguo Testamento. Los mandamientos y las leyes del Nuevo Testamento tienen como fin demostrar que Dios es capaz; esto es, tienen como finalidad demostrar que lo imposible para el hombre, es posible para Dios. El Señor le dijo a los discípulos en Mateo 19:24: "Más fácil le es a un camello pasar por el ojo de una aguja, que a un rico entrar en el reino de Dios". Es difícil que un camello pueda pasar por el ojo de una aguja. Después que los discípulos escucharon estas palabras, se preguntaron: "¿Quién, pues, podrá ser salvo?". Los discípulos llegaron a esta conclusión, pero el Señor Jesús les dijo: "Para los hombres esto es imposible; mas para Dios todo es posible" (v. 26).

La expresión "para los hombres esto es imposible" se refiere a la ley; y la frase "para Dios todo es posible" alude a la gracia. Le es imposible al hombre cuidar de la viña, plantar vides y producir fruto para el disfrute de los hombres; pero le es posible a Dios preparar una fiesta con un rico suministro de vino a fin de que el hombre disfrute. Debemos tener en cuenta que los mandamientos del Antiguo Testamento tienen la finalidad de mostrarnos que, para el hombre, esto es imposible, mientras que los mandamientos del Nuevo Testamento nos muestran que para Dios todo es posible y que todo depende de Dios mismo.

El Antiguo Testamento tiene que ver con la ley, y al hombre le es imposible guardar la ley por su propio esfuerzo. El Nuevo Testamento no tiene que ver meramente con la ley; más bien, el Nuevo Testamento abre el camino para que el hombre reciba la vida de Dios, la cual es Cristo mismo que entra en el hombre y le suministra de tal manera que éste cumpla con las exigencias que Dios le impone. En el Nuevo Testamento, todo cuanto Dios exige del hombre, Dios mismo se lo suministra; sin embargo, en el Antiguo Testamento, todo cuanto Dios exigía del hombre, simplemente indicaba cuán incapaz éste era. En la era del Nuevo Testamento, cada vez que contactamos a Dios y tenemos comunión con El, obtenemos el siguiente resultado: todo lo que es imposible para nosotros, se hace posible; y todas las cosas que no somos capaces de realizar, se convierten en algo que sí podemos hacer.

Hay una porción en la Biblia que narra el milagro que el Señor hizo al alimentar cinco mil personas (Mt. 14:14-21). En aquel día, además de las mujeres y los niños, había unos cinco mil varones. Los discípulos le dijeron al Señor Jesús: "La hora ya [es] avanzada; despide a las multitudes, para que vayan a las aldeas y compren para sí alimentos" (v. 15). Mas el Señor Jesús les dijo: "Dadles vosotros de comer" (v. 16). Esta fue la orden estricta que dio el Señor, pero los discípulos replicaron que ellos no sabían dónde conseguirles alimentos. Si la historia hubiese terminado allí, la orden que dio el Señor habría sido la ley, el Antiguo Testamento. Sin embargo, las palabras que pronunció el Señor aquí no pertenecen al Antiguo Testamento, sino al Nuevo Testamento; no son la ley, sino la gracia. Para ser más específicos, las palabras del Señor aquí no eran un mandamiento, sino una indicación que mostraba al hombre la manera de recibir más de la gracia abundante de Dios. Cuando nosotros mismos no tenemos qué comer, ¿cómo podemos alimentar a otros? El Señor entonces les preguntó: "¿Cuántos panes tenéis?" (Mr. 6:38). Ellos replicaron: "Cinco, y dos peces". Entonces el Señor tomó los cinco panes y los dos peces, los bendijo, y se los dio a los discípulos, los discípulos se los dieron a la multitud, y todos comieron y se saciaron. Esto prueba que detrás de toda exigencia que el Señor Jesús hace, hay un gran suministro.

Después que una persona se salva, ella tiene que confesar sus pecados, tomar medidas con respecto a sus pecados, mantener una conciencia sin ofensa y consagrarse al Señor. Nada de esto puede ser hecho por nosotros mismos. Sin embargo, ¿debiéramos detenernos aquí? Si nos detenemos aquí, todos estos asuntos serán leyes para nosotros. No debemos detenernos aquí; más bien, debemos traer toda nuestra ineptitud e incapacidad al Señor y decirle: "Oh Señor, Tú deseas que tome medidas con respecto a mis pecados y que mantenga una buena conciencia, pero yo no puedo hacerlo". Al acercarnos al Señor de esta manera, veremos cuánto puede hacer en nosotros el poder de Dios y la abundante gracia de Cristo.

LOS MANDAMIENTOS DEL NUEVO TESTAMENTO ABREN EL CAMINO PARA LA GRACIA DE DIOS

El Antiguo Testamento hace que el hombre vea su incapacidad, mientras que el Nuevo Testamento es la manera en que Dios muestra Su gracia para con los hombres. Siempre que el hombre se da cuenta de su pobreza, se abrirá para recibir la provisión de la gracia abundante de Dios. En pocas palabras, todo mandamiento y exigencia de Dios tiene como fin demostrar la ineptitud e incapacidad del hombre. Siempre que traemos estos mandamientos y exigencias a Dios, El, de inmediato, abre el camino para proveernos Su suministro de manera continua.

En una ocasión, cierta esposa sintió que debía confesar sus errores a su marido. Esto le resultaba muy difícil de realizar puesto que ella estaba acostumbrada a ser una esposa muy dominante. Ella poseía una voluntad férrea y era una persona muy orgullosa. Casi siempre es la esposa la que teme al esposo; pero en este caso, era el marido quien temía a la esposa. Cierto día, sin embargo, ella sintió que estaba errada y que debía confesarlo ante su esposo. No obstante, cuando pensaba hacerlo, se enfrentó ante unos cuantos problemas. En primer lugar, sentía que no tenía la fuerza suficiente para realizar tal confesión; en segundo lugar, temía pasar tal vergüenza; y en tercer lugar, debido a que en el pasado ella había oprimido a su esposo, temía que ahora su marido encontraría ocasión de oprimirla a ella. En ese momento, ella sintió que no podía seguir siendo cristiana. Ella sabía que ser creyente implicaba ser iluminada por el Señor. También sabía que al ser iluminada por el Señor, ella tendría que tomar medidas con respecto a todo aquello que perturbaba su conciencia; pues, de no hacerlo, se sentiría aún más intranquila. Así que decidió lo siguiente: "Seré una cristiana común y corriente; seré lo que soy". Este es un cristiano típico: su corazón es muy sincero, sus palabras son honestas y sienten congoja en su ser.

¿Cómo podemos ayudar a personas como ésta? Debemos ayudarles a comprender que todos los mandamientos del Nuevo Testamento abren el camino para la gracia de Dios. Siempre que recibimos un mandamiento de Dios, debemos presentárselo de vuelta a El y decirle: "Oh Dios, no puedo hacerlo; te entrego este mandamiento tal como los discípulos te entregaron los cinco panes y dos peces. Siempre he sido inepto. Te entrego Tu mandamiento, y me entrego yo mismo a Ti. Señor, haz lo que mejor te parezca. Yo no puedo hacer absolutamente nada". Quienes ponen en práctica acudir al Señor de esta manera, serán bendecidos y recibirán el abundante suministro del Señor. Este acto es comparable al de los discípulos que trajeron los cinco panes y dos peces al Señor. En cuanto ellos hicieron esto, las riquezas de Dios se manifestaron.

No piensen que el milagro de los cinco panes y dos peces es el único milagro. Cada vez que Dios nos guía a obedecer Sus mandamientos, se realiza también un milagro. Si el Señor no hiciera milagros en nosotros, no podríamos hacer nada ni tendríamos nada. Quizás nos sintamos acabados, aún así, el Señor hace que los muertos resuciten. Cada vez que guardamos los mandamientos del Señor, ciertamente El ha hecho un gran milagro en nosotros.

Debemos creerle siempre a Dios, porque El nunca nos fallará. Si sentimos que fuimos injustos con nuestro cónyuge, debemos confesar nuestro pecado ante él o ella. Si no lo podemos hacer, tenemos que entregarnos al Señor. Con toda certeza, el Señor se encargará del resultado. No necesitamos estar ansiosos ni dudar. ¡La gracia del Señor es maravillosa! No somos capaces de hacer muchas cosas, pero después de orar, consagrarnos al Señor y entregarnos a las manos misericordiosas del Señor, habrá una fuerza indescriptible brotando dentro de nosotros que nos apremiará a confesar. Quizás ni siquiera hayamos dicho una sola palabra, pero nuestras lágrimas correrán. Y cuando esto suceda, no sentiremos vergüenza alguna; sólo sentiremos que estamos llenos de Dios y llenos de vigor. Y tal vez esta vaya a ser la razón por la cual la persona ante quien confesemos nuestros errores, se salve.

SIEMPRE Y CUANDO ESTEMOS DISPUESTOS, DIOS ES CAPAZ DE REALIZARLO

Todos los mandamientos del Nuevo Testamento son iguales a las leyes del Antiguo Testamento: consisten en exigencias que Dios hace al hombre, requiriendo que éste haga algo. No obstante, las exigencias que Dios hace en el Nuevo Testamento no son dadas para que el hombre las cumpla por sí mismo, sino para que él las cumpla por medio de Dios. ¿Cómo podemos pedirle a un paciente con tuberculosis que camine hasta Gaoxiong? Si él desea ir a esa ciudad, hemos de dejarle viajar en avión o en tren. No debemos permitirle que haga esfuerzo alguno. Hoy en día, muchos hijos de Dios no comprenden que los mandamientos de Dios en el Nuevo Testamento, así como la gracia, no son en absoluto algo relacionado con nuestra capacidad sino con nuestra voluntad. Si estamos dispuestos, traeremos nuestra ineptitud e incapacidad delante de Dios. Siempre y cuando estemos dispuestos,

Dios es capaz de realizarlo. Cuando nos entregamos en las manos de Dios, El hallará la manera de realizar "señales y maravillas" en nosotros.

Si encontramos gravoso confesar nuestros pecados, tomar medidas con respecto a ellos, así como mantener una conciencia sin ofensa y consagrarnos al Señor, no debemos desanimarnos. En el Nuevo Testamento, siempre y cuando estemos dispuestos a obedecer los mandamientos de Dios y ponernos en Sus manos, Dios nos capacitará en medio de nuestra incapacidad. Entonces, podremos tener la presencia de Dios, la gracia de Dios y la gloria eterna de Dios.

CAPITULO NUEVE

TODO LO PUEDO EN CRISTO

Juan 15:5 dice: "Yo soy la vid, vosotros los pámpanos; el que permanece en Mí, y Yo en él, éste lleva mucho fruto; porque separados de Mí nada podéis hacer". Filipenses 4:11-13 dice: "No lo digo porque tenga escasez, pues he aprendido a contentarme, cualquiera que sea mi situación. Sé estar humillado, y sé tener abundancia; en todas las cosas y en todo he aprendido el secreto, así a estar saciado como a tener hambre, así a tener abundancia como a padecer necesidad. Todo lo puedo en Aquel que me reviste de poder". En el versículo 13 encontramos la frase: "Todo lo puedo en Aquel que me reviste de poder". Sabemos que *Aquel que nos reviste de poder,* es Cristo. Todo lo podemos en Aquel que nos reviste de poder.

TODA PERSONA SALVA ANHELA, EN SU CORAZON, AGRADAR A DIOS

Toda persona salva anhela, en su corazón, agradar a Dios. Este anhelo es muy intenso en algunos y bastante tenue en otros. Sin embargo, ya sea que este anhelo sea intenso o débil, toda persona salva —en su corazón— tiene tal anhelo, a menos que esta persona nunca piense en Dios ni busque a Dios. Una vez que una persona busca más de Dios, espontáneamente surgirá en su corazón el anhelo de agradar a Dios. Esto es así, porque en este universo Dios desea que el hombre le ame y busque más de El.

Todo aquel que conoce a Dios sabe que El desea concederle al hombre mucha gracia y también tiene mucho que hacer en el hombre; pero, si el hombre no desea recibir esto, a Dios le será imposible hacer cualquier cosa. Por tanto, cuando los hombres le entregan su corazón a Dios, esto equivale a permitir que Dios opere en ellos. Si una persona no está dispuesta a dar su corazón a Dios, Dios no podrá derramar Su gracia sobre ella, ni tampoco podrá operar en esta persona. Un ejemplo de esto ocurre cuando los padres desean hacer algo por sus hijos, pero éstos les dan la espalda y se alejan de ellos. Como resultado, los padres no pueden hacer nada. Poseer un corazón que ama a Dios es precioso a los ojos de Dios y algo que El valora como un verdadero tesoro. Dios desea que el hombre le ame y le busque. Esto no significa que Dios quiera obtener algún beneficio del hombre, sino que El tiene mucho para dar al hombre, tiene mucha gracia para concederle, y tiene mucho que hacer en el hombre. Si el hombre no ama a Dios ni se acerca a El, a Dios le será imposible hacer lo que El anhela; por eso, Dios siempre ha deseado que el hombre le ame y se acerque a El.

Al igual que los padres, Dios continuamente anhela que Sus hijos sean como El. Siempre que un corazón se vuelve a Dios, Dios lo considera un verdadero tesoro. Sin embargo, muchas veces, debido a que no procuramos más de Dios, El se ve obligado a constreñirnos, llevándonos a recorrer algunas sendas sinuosas, a fin de que nos volvamos a El. Toda vez que sentimos el amor de Dios y la dulzura de Su amor en nuestro ser, nuestro amor hacia Dios brota espontáneamente en nosotros y oramos: "Oh Dios, te amo; te entrego mi corazón". Sentimos que Dios es muy atractivo y precioso. Así que, oramos: "Oh Dios, Tú eres lo más precioso que existe; no hay nada tan precioso como Tú. Aunque hay muchas cosas que son atractivas, cuando las comparamos contigo, Tú eres el más glorioso. Oh Dios, no me importa si soy capaz de amarte o no; simplemente te amo, y te amaré por siempre".

DIOS EXIGE QUE EL HOMBRE LE AME CON SU CORAZON, MAS NO CON SUS PROPIAS FUERZAS

El hecho de haber realizado tal oración es prueba de que Dios ha operado en nuestro ser. Algunas veces, Dios se vale de circunstancias externas para constreñirnos a amarle; esto es obra de Dios. Otras veces, El nos atrae con Su amor; esto también es obra de Dios. Dios hace estas cosas porque desea que le amemos. Dios no puede hacer mucho en una persona que nunca le ha permitido operar en su ser y que no percibe lo precioso que es Dios. Siempre que Dios opera en una persona, primero permite que esa persona vea cuán precioso es El. Como resultado, en el corazón de esta persona brota el amor y, entonces, ella amará a Dios. Esto es algo muy valioso.

Sin embargo, siempre que alguien está dispuesto a amar a Dios, surge un gran problema. Todos, sin ninguna excepción, experimentamos este mismo problema. En cuanto una persona decide amar a Dios, surgirá de inmediato este problema: dicha persona se esforzará al máximo por agradar a Dios. El deseo de amar a Dios y agradar a Dios es muy apropiado, muy precioso y completamente aceptable delante de Dios. Sin embargo, dicha persona amará a Dios con sus propias fuerzas y a su manera, y esto es lo que le desagrada a Dios. Dios no desea nada que provenga de nuestras propias fuerzas y rechaza todo lo perteneciente a nuestro esfuerzo propio.

Por ejemplo, yo podría proponerle a un hermano realizar algo juntos, pero no deseo que se valga de su propio esfuerzo, pues esto representaría un gran problema. Resulta extraño afirmar que deseamos la ayuda de otros, pero que no deseamos que ellos aporten su propio esfuerzo. Si alguien le pide a usted que le ayude a hacer algo, pero esta persona no desea que usted se valga de sus propias fuerzas, esto le resultaría muy difícil de realizar. A usted le resultaría muy problemático que esta persona desee su corazón, pero que al mismo tiempo no desee su sabiduría ni su manera de hacer las cosas. Normalmente, si alguien me pide ayuda, habré de ayudarle a mi manera y con mi propia sabiduría. Pero si esta persona no desea que aporte mi esfuerzo propio, mi propia sabiduría o mi propia manera de hacer las cosas, ¿por qué habría de desear mi ayuda? Hubiera sido mejor que yo no hubiese acudido a ayudarle. Así pues, valernos de nuestras propias fuerzas es un principio característico del hombre; sin embargo, ésta no es la manera en que Dios actúa. El no desea que el hombre aporte su esfuerzo propio, su propia manera de hacer las

cosas ni su propia sabiduría. Dios desea únicamente el corazón del hombre.

DESECHAR NUESTRAS PROPIAS FUERZAS Y METODOS, Y DEJAR TODO EN MANOS DEL SEÑOR

Hace unos quince años conocí a un misionero occidental,
quien me contó su testimonio. Este misionero me contó que, si
bien había sido salvo en su juventud, él no conocía al Señor
debidamente. Y aunque había venido a China como misionero, aun así, no conocía mucho al Señor. Para explicar esto, él
usó el ejemplo de conducir un automóvil. Me dijo que, puesto
que él no era un buen chofer, le había pedido al Señor que
lo ayudara. El Señor era como un consejero para él. Cada vez
que se encontraba perplejo, le pedía consejos al Señor. Cuando
se encontraba sin fuerzas, le pedía al Señor que lo ayudase.
Esta era su situación anteriormente. Aun así, a él le parecía
que el Señor no le había ayudado mucho. Parecía, más bien,
que cuanto más le pedía al Señor que lo dirigiera, más el Señor
se rehusaba a dirigirlo. Posteriormente, llegó a ver que aunque su amor por el Señor era correcto, él no debía valerse de
su propio esfuerzo ni de sus propios métodos; es decir, él debía
abandonar sus propias fuerzas y sus propios métodos
para agradarle. El sabía que era correcto tener en su corazón
el anhelo de ser para el Señor y que, sin tal anhelo, el Señor
no podría otorgarle gracia ni operar en él. Sin embargo, este
misionero también se dio cuenta de que tenía que dejar a un
lado sus propios métodos y su esfuerzo propio. Este hermano
me dijo que ahora él le había entregado "todo el automóvil" al
Señor, incluyendo los asientos y el volante. Si el Señor manejaba bien, él lo alababa; si el Señor manejaba rápido, él le
daba gracias. El había puesto toda su vida en las manos del
Señor. Lo único que hacía ahora era sentarse al lado del Señor
y disfrutar el viaje. El Señor se encargaba de todos los problemas, y toda la fuerza procedía del Señor, mientras él,
sencillamente, contemplaba el paisaje y lo disfrutaba.

Si bien se trata de un ejemplo muy sencillo, sirve para
mostrarnos el problema que muchas personas tienen. O no
amamos a Dios o, una vez que lo amamos, nos valemos de
nuestros propios esfuerzos y métodos para agradarle. Como

resultado de ello, nos desviamos y nos apartamos de Dios. Deseamos amar a Dios y serle gratos por medio de nuestros propios esfuerzos, según nuestro punto de vista y a nuestra manera; sin embargo, Dios no desea nada de esto. Como resultado, terminamos desviándonos y alejándonos de Dios. Así pues, muchas veces, al sentirnos débiles, pedimos a Dios que nos fortalezca; y en muchas ocasiones, al fracasar, suplicamos a Dios que nos haga vencer y estar firmes. Esta clase de oración rara vez recibe respuesta. Dios casi nunca responde a las oraciones que suplican por fortaleza o por victoria. Por tanto, puede ser que haya muchas personas que duden de Dios y se pregunten: "¿Por qué Dios no escucha mi oración?". El problema consiste en que si usted es quien maneja el automóvil y le pide al Señor que sea su consejero y ayudante, el Señor nunca le aconsejará ni le ayudará. Hay un dicho que es muy cierto: si no permitimos que el Señor haga todo el trabajo, el Señor no trabajará. Si nos valemos de nuestros propios métodos para agradar a Dios, seremos distraídos de Dios e, incluso, puede ser que nos sintamos desalentados. Son muchas las distracciones o problemas que esto origina, pero también es el momento en el que debemos recibir gracia. Es por este motivo que Dios siempre prepara nuestras circunstancias de una manera muy particular, con el fin de debilitarnos y hacernos sentir abrumados por nuestras circunstancias e incapaces de enfrentar la situación.

DIOS PREPARA LAS CIRCUNSTANCIAS
CON MIRAS A QUEBRANTARNOS

Si ya amamos a Dios, posiblemente le pediremos que nos ayude a mejorar para poder agradarle. En respuesta a ello, Dios no sólo no nos ayudará, sino que hará que nuestras circunstancias empeoren con el fin de constreñirnos y hacer que no podamos realizar nada. Cuando esto sucede, son muchos los que probablemente se preguntarán por qué es que antes de haber amado a Dios, no tenían ningún problema; sin embargo, ahora que aman a Dios, sus circunstancias se han hecho más difíciles. Esto es exactamente lo que Dios hace. Debido a que tenemos en nuestro corazón el deseo de amarle, Dios prepara nuestras circunstancias a fin de quebrantar nuestros esfuerzos y métodos propios. Dios no desea ninguno de nuestros esfuerzos o métodos; El únicamente desea nuestro corazón. Esta es la parte más difícil de la labor que Dios realiza en el hombre. Muchas veces, cuando le ofrecemos a Dios nuestro corazón, con éste también viene nuestro esfuerzo propio. Pareciera que ambos son inseparables. Sin embargo, Dios únicamente desea el corazón del hombre, no su esfuerzo ni sus métodos. Este problema es parecido al de un médico que opera a un paciente que tiene un tumor. El tumor, que está ligado al cuerpo del paciente, tiene que ser extraído, pero el cuerpo en sí, debe ser protegido. Si no amamos a Dios, tampoco habremos de aportar nuestro esfuerzo propio. Cuando no amamos a Dios, tampoco surgirán circunstancias adversas. Sin embargo, una vez que amemos a Dios, nuestro esfuerzo propio estará presente; así pues, Dios permite que surjan ciertas circunstancias con el fin de depurar nuestro corazón y quebrantar nuestras fuerzas. Por ello, son muchos los que se sienten confundidos, pero nuestro Dios nunca se confunde. Siempre que Dios opera en nosotros, nos da un sentir interno por medio del cual nos constriñe a complacerle. Sin embargo, aun cuando Dios nos da tal sentir y nos constriñe a complacerle, El no desea que lo hagamos por nosotros mismos. El desea que el Señor Jesús sea nuestra fortaleza para agradarle. Por consiguiente, Dios empeora las circunstancias a nuestro alrededor con el fin de quebrantarnos, de tal modo que seamos incapaces de confiar en nosotros mismos.

Una hermana cristiana, quien estaba acostumbrada a no sujetarse a su esposo, un día leyó en la Biblia que las esposas deben respetar a sus maridos y estar sujetas a ellos. Como respuesta a ello, brotó en su corazón el anhelo de respetar a su marido y sujetarse a él; así que, delante de Dios, tomó la siguiente resolución diciendo: "Oh Dios, de ahora en adelante dame la fortaleza para que pueda respetar a mi esposo y someterme a él". Por una parte, su oración mostraba su deseo de agradar a Dios; pero por otra, mostraba su intención de valerse de su propio esfuerzo para someterse a su esposo. Ella amaba a Dios y deseaba agradarlo, pero la intención de ella era usar su propio esfuerzo a fin de obedecer a su esposo y de esa manera agradar a Dios; así que oró a Dios para que la ayudara. ¿Qué hizo Dios? Ocho de cada diez veces, Dios permitió que el mal genio del marido aumentara y empeorara. Todos los días, ella oraba: "Oh Dios, dame la fortaleza para obedecer a mi esposo". Aparte de que Dios no la fortalecía, El permitió que el mal genio del esposo empeorara. Esto hizo que ella se desanimara, así que nuevamente acudió a Dios en oración: "Oh Dios, en el pasado, cuando hacía caso omiso de Tu palabra, mi esposo era manso como un cordero. Pero ahora que deseo agradarte, su carácter ha empeorado mucho más. Me pregunto a qué se debe esto". Finalmente, ella no pudo orar más. ¿Qué sucedía? Debemos tener en cuenta que el que una esposa se someta a su marido depende de Dios. Además, también es obra de Dios que el esposo se enoje. Dios realiza todo esto sencillamente debido a que El desea que nuestro esfuerzo propio vaya a la quiebra.

Conocí a una hermana quien, habiendo sido salva, cuidaba muy bien de su marido en casa. Si bien no manifestaba orgullo exteriormente, al hablar mostraba cierta jactancia. Cierto día se encontró con un problema. Ella deseaba amar a Dios, así que oró: "Oh Dios, de ahora en adelante, deseo agradarte en cuanto a mi relación con mi esposo y mis hijos". Después de que ella oró así, la situación en su familia se volvió un caos; el mal genio de su esposo empeoró y sus niños se volvieron insoportables. Ella había orado para ser una esposa sumisa y una buena madre con miras a agradar a Dios, pero la situación de su familia se volvió cada vez más difícil. Ella casi no podía soportarlo, y sentía que ya no era útil en la casa. Así que vino a visitarme y me dijo: "Hermano, ¿qué está sucediendo? En el pasado, cuando yo simplemente era una hermana típica, la situación de mi familia no era tan mala; por lo menos parecía ser yo una buena esposa para mi esposo, y una buena madre para mis hijos. Pero desde el día que me propuse amar y agradar a Dios en mi relación con mi esposo y mis hijos, ellos se han vuelto insoportables. Ni ellos me soportan, ni yo a ellos". Este no es simplemente el problema de nuestra hermana, sino el problema de muchos de nosotros.

Si amamos a Dios, es obra Suya; y si nos enfrentamos a una crisis familiar, esto también es obra Suya. Todas estas cosas concurren para poner fin a nuestro esfuerzo propio. Ya sea que seamos humildes o bondadosos, tanto nuestra humildad como nuestra bondad proceden de nuestras propias fuerzas. Si no hemos sido quebrantados, aún cuando seamos buenos, todo cuanto hagamos no será sino nuestro propio esfuerzo, en lugar de ser la operación de Dios en nosotros y por medio de nosotros o incluso algo que realizamos por medio de Dios. Quizás lo que hagamos sea correcto, pero si nuestra persona está errada, nuestro esfuerzo también estará errado. Por tanto, Dios prepara las circunstancias con miras a quebrantarnos y acabar con nuestras fuerzas. Si procuramos complacer a Dios pero no lo hacemos en conformidad con Su manera de actuar, El preparará circunstancias que consumirán nuestras fuerzas y destruirán nuestros métodos, de tal manera que lo único que quedará en nuestro corazón es el anhelo de complacerle, y no nuestros propios esfuerzos ni nuestra propia manera de hacer las cosas. Cuando lleguemos a este punto, seremos capaces de postrarnos delante de Dios y decir: "Oh Dios, no tengo fuerzas para complacerte. Oh Dios, me es imposible complacerte con mi esfuerzo propio, haciendo las cosas a mi manera. Oh Dios, todo lo que me queda es simplemente un corazón que te ama y te desea".

SER LIBRES DEL YO Y VIVIR EN CRISTO

Es entonces que viviremos delante de Dios, y es en ese momento que Dios nos mostrará este hecho glorioso: que separados del Señor, no podemos hacer nada. Separados del Señor, nada de lo que hagamos podrá complacer a Dios. Solamente cuando el Señor se convierte en nuestra fuerza es que podemos agradar a Dios. En Juan 15:5 el Señor dijo: "Porque separados de Mí nada podéis hacer". Así pues, por una parte, la Biblia nos muestra que todo lo podemos en Aquel que nos reviste de poder (Fil. 4:13); y, por otra, nos dice que separados de Cristo nada podemos hacer. Esto significa que no sólo necesitamos ser librados de nosotros mismos, sino que también necesitamos estar en Cristo. En otras palabras, Dios nos está quebrantando con el fin de que no confiemos en nosotros mismos y seamos liberados del yo; al mismo tiempo nos muestra que Cristo es tanto nuestra fortaleza como nuestro poder.

Es por medio de este proceso que nuestro esfuerzo es liquidado, y es también mediante esta experiencia que Dios nos muestra que Cristo es nuestra fortaleza y que, en nosotros, El es viviente y poderoso. Por esta razón, podemos testificar que "ya no ... yo, mas ... Cristo" (Gá. 2:20). Es en ese momento que habremos de alabar y dar gracias al Señor desde lo profundo de nuestro ser y habremos de decirle: "Señor, Tú eres mi vida y Tú eres mi poder". Así, nos desecharemos a nosotros mismos y diremos: "Señor, tenemos Tu vida y Tu poder en nuestro ser. Ya no usaremos más nuestras fuerzas ni nuestros métodos". En esto consiste el vivir santo de un cristiano, y ésta es la vida vencedora que corresponde a un cristiano genuino. No es necesario que nos propongamos ser personas sumisas, puesto que hay un poder que nos capacita para ser tal clase de persona. No es necesario tomar alguna resolución al respecto, porque el poder, el cual es el propio Señor, viene de adentro. Es entonces que habremos de darnos cuenta de que todo lo que hacemos no es meramente bueno, sino que es el Señor mismo.

SEPARADOS DE CRISTO NADA PODEMOS HACER

Cristo es el poder de Dios, pero en lo que concierne a nuestra experiencia, se necesitan varios pasos para que Cristo exprese Su poder desde nuestro ser. El primer paso consiste en que Cristo atrae nuestro corazón a fin de que le amemos. El segundo paso es que nosotros procuramos amar a Cristo valiéndonos de nuestros propios esfuerzos, pero fallamos y nos desanimamos. Es en ese preciso momento que Dios nos muestra que no es por medio de nuestras fuerzas, sino por medio del poder de Cristo; que no somos nosotros, sino Cristo; que no es a nuestra manera, sino a la manera de Cristo; que no es nuestra sabiduría, sino la de Cristo. Dios nos muestra que debemos desechar nuestros propios esfuerzos y métodos, y entonces, aún sin proponérnoslo, desecharemos nuestra propia persona debido a que hemos tenido tantos fracasos que habremos perdido la confianza en nosotros mismos. Mientras otros son capaces de vencer, nosotros no, pues fracasamos sin cesar. Nos damos cuenta de que las personas como nosotros son incapaces de agradar a Dios. Es entonces que somos quebrantados; somos quebrantados completamente. Percibimos entonces que ya no somos nosotros, sino Cristo. Solamente lo podemos todo cuando estamos en Cristo. De esta manera, el Señor Jesús espontáneamente se convierte en el poder en nosotros. Entonces, la santidad que tengamos y las victorias que logremos, habrán surgido de este proceso de quebrantamiento.

Cuando alguien se vuelve fervoroso por el Señor y quiere hacer muchas cosas para El, siempre se despiertan en mí dos sentimientos distintos: por una parte, siento que es bueno que alguien esté tan dispuesto a servir al Señor; por otra, siento que el celo de esa persona no será de mucha utilidad y que tal persona está destinada a fracasar. No sólo eso, sino que fracasar y caer es de provecho para el cristiano.

Conocí a un santo cuya situación personal y su vida de oración eran muy buenas antes de su matrimonio; pero, una vez que se casó, le era imposible leer la Biblia o tener comunión con Dios de la manera debida, pues tenía un problema delante de Dios. El no entendía por qué le sucedía esto. Antes de casarse, no tenía ningún problema con el Señor, pero una vez se casó, no sólo no podía orar, sino que se sentía muy desanimado. Si dejaba de asistir a las reuniones, su ser interior manifestaba desacuerdo; pero cuando asistía, su ser interior se desanimaba. El sabía que debía amar al Señor, pero no era capaz de hacerlo. Se sentía sumamente deprimido. Cuando vi que esto sucedía, me puse muy contento. Este hermano acudió a mí preguntándome qué debía hacer, y le respondí que no necesitaba hacer nada ni preocuparse por nada. Esto no era otra cosa sino el Señor que lo estaba quebrantando.

Frecuentemente, creemos que somos capaces de complacer al Señor con nuestros propios esfuerzos. Pero los esfuerzos y los métodos del hombre sólo representan el yo. Cada vez que tratamos de agradar a Dios de esta manera, se manifiesta nuestro propio poder, y no la vida de Cristo; es nuestra propia manera, y no Cristo quien nos ilumina; somos nosotros quienes estamos siendo expresados, y no Cristo; somos nosotros quienes estamos procurando agradar a Dios, y no Cristo. De esta manera, Cristo no puede expresarse. De este modo, El no puede ser expresado como nuestra vida y poder. Tenemos que comprender que la vida cristiana no consiste en hacer buenas obras, sino en expresar a Cristo. El propósito de Dios es forjar a Cristo en nosotros, a fin de que El pueda ser expresado desde nuestro ser.

Siempre que resolvemos agradar a Dios, debemos comprender que esto traerá consigo la disciplina del Señor, nuestro fracaso y nuestra bancarrota personal. Dicha bancarrota no se refiere a la bancarrota material, sino a la bancarrota en términos éticos. Nos será imposible soportar dificultad alguna, y Dios preparará circunstancias que nos oprimirán, nos quebrantarán, y causarán que perdamos toda esperanza en nosotros mismos y lleguemos a considerarnos como nada. Es en ese momento que nos daremos cuenta de que no podemos agradar a Dios valiéndonos de nuestras propias fuerzas. A Dios sólo le agrada lo que Cristo hace por medio de nosotros; a Dios le agrada que Cristo gane terreno en nosotros. No obstante, para que Cristo gane terreno en nosotros y sea expresado por medio de nosotros, tenemos que permitir que Dios quebrante nuestros esfuerzos, nuestros métodos y nuestra sabiduría.

YA NO YO, SINO CRISTO

La mayoría de la gente cree que el problema del hombre es el pecado, y que éste es el enemigo de Dios. De hecho, el problema del hombre no es el pecado, sino su esfuerzo propio y su propia manera de hacer las cosas. Debido a que el hombre posee demasiadas fuerzas, demasiadas maneras de hacer las cosas y demasiada sabiduría propia, Cristo no tiene terreno en el hombre. Para que Cristo gane terreno en el hombre, hay una cosa que Dios tiene que hacer. ¿Cuál es? Dios tiene que quebrantar la fuerza, los métodos, la sabiduría y la determinación del hombre. Toda fortaleza humana, todos los métodos y la sabiduría humana, así como la determinación del hombre, tienen que ser quebrantados por Dios.

Nuestra experiencia nos ha enseñado que cuanto más luchemos, más seremos quebrantados. Cuanto más oremos pidiéndole a Dios que se haga realidad nuestro deseo de complacerle, más nos quebrantará. Específicamente, Dios generará situaciones que no podremos soportar y, finalmente, toda nuestra fortaleza y todos nuestros métodos terminarán porque no seremos capaces de soportar nuestras circunstancias. Tanto nuestras fuerzas como nuestros métodos se irán a la quiebra. Entonces, diremos: "Oh Dios, yo no puedo hacer nada. Todo lo que tengo es un corazón que te ama". Es en ese momento que Dios nos mostrará que el Señor Jesús vive en nuestro ser para ser nuestra vida y nuestras fuerzas. Entonces, nos postraremos ante El y diremos: "Oh Dios, ya no soy yo, sino Cristo; ya no son mis métodos, sino Tu dirección; ya no es mi determinación, sino Tu resplandor". Como resultado de ello, podremos complacer a Dios, y Cristo podrá llenarnos interiormente y ser expresado a través de nosotros exteriormente. Todo el que ha llegado a tal extremo, ha tenido que pasar por muchos sufrimientos y quebrantamientos. Bienaventurados son aquellos que pueden atravesar por todos estos sufrimientos y quebrantamientos, pues es de esa manera que llegaremos a saber cómo Cristo puede ser el poder en nuestro ser. Separados de Cristo, nada podemos hacer; pero todo lo podemos en El.

CAPITULO DIEZ

EL QUEBRANTAMIENTO NECESARIO CON RESPECTO AL SERVICIO QUE RENDIMOS A DIOS

DISCERNIR ENTRE EL DESEO, LA INTENCION Y LA CAPACIDAD

Es imprescindible que el que sirve a Dios sepa discernir tres cosas: el deseo, la intención y la capacidad. Todos sabemos que el deseo alude a lo que el hombre anhela; muchos entienden que la intención se refiere a la expectativa de una persona, a lo que ella espera; y por supuesto, todos sabemos que la capacidad hace alusión a la fortaleza necesaria para llevar a cabo algo. Una persona que sirve al Señor debe haber sido quebrantada con respecto a estas tres áreas; de lo contrario, su servicio tendrá carencias.

El deseo de servir a Dios es indispensable en todo siervo del Señor. No hay nada que Dios valore tanto como el deseo que un hombre tiene por servir a Dios y por Dios mismo. Dios creó el universo y todo cuanto hay en él, pero el interés y afecto de Su corazón no está puesto en la luna ni en las estrellas, ni tampoco en los ángeles ni en ninguna otra cosa, debido a que nada de ello es para Dios mismo. La Biblia nos dice que el hombre es el centro del universo (cfr. Zac. 12:1), y que Dios no puede llevar a cabo Su propósito sin el hombre. Por tanto, aun cuando Dios creó todas las cosas, Su verdadero interés se centra únicamente en el hombre. Y lo que a Dios más le cuesta conquistar en el hombre es su corazón. Podemos asemejar esto a un padre que ama a su hijo más que cualquier otra cosa, pero que no llega a conquistarle el corazón. A fin de cooperar con alguien, nuestro corazón deberá estar abierto hacia esa persona. Es una gran labor la que Dios desea llevar a cabo en el universo, mas para ello, le es imprescindible obtener la cooperación del hombre a fin de realizar Su obra. Por consiguiente, para hacer esto, Dios deberá tocar el corazón del hombre.

DIOS DESEA QUE EL CORAZON DEL HOMBRE LE AME

¿De qué manera toca Dios el corazón del hombre? ¿De qué método se vale El para conmover nuestro corazón? Dios se vale de Su amor para conmover nuestro corazón. ¿Qué es el amor? El amor es el corazón de Dios. El corazón es, en verdad, algo muy especial. Cuando nos referimos al corazón, generalmente hacemos alusión al amor. El corazón no responde a los pensamientos; debe ser tocado por el amor. Dios nos creó con un corazón para que podamos percibir tal amor. Por ejemplo, cuando estamos sedientos y alguien nos da un vaso de agua, lo bebemos; pero si no tenemos sed, independientemente de cuánta agua nos den, no la beberemos. El corazón de Dios es como un vaso de agua, y nuestro corazón es como la sed. Todo ser humano responde al amor debido a que en todo hombre hay un corazón de amor. Externamente, tenemos un cuerpo, e internamente, tenemos un espíritu; y entre ambos se encuentra nuestra alma, la cual incluye la mente, la parte emotiva y la voluntad.

Dios anhela, en Su corazón, que el hombre le ame; pero el corazón del hombre siempre está amando algo que no es Dios, algo que no debe amar. Independientemente de nuestra edad —seamos viejos o jóvenes—, algunos amamos a nuestras familias, otros a sus mascotas, otros aman las películas o jugar al mah-jong, otros aman su reputación, o su posición social, o el conocimiento o el dinero. Pareciera que, sin amor, el hombre carece de todo significado. Lo maravilloso es que una vez que el hombre ama, está dispuesto a hacer cualquier cosa; pero sin amor, hasta mover un dedo se le hace difícil. A una madre no le importa cuán sucio esté su hijo, ella siempre está deseosa de cuidarlo porque lo ama; una sirvienta, en cambio, seguramente no lo cuidaría igual. Si estudiamos la Biblia con la debida seriedad, nos daremos cuenta de que la primera exigencia que Dios le hace al hombre es que éste le entregue su corazón y, luego, su amor. Desde el principio mismo y hasta el final, el deseo único de Dios siempre ha sido que el hombre sea para El y le ame con todo su corazón.

El más legítimo de los amores es el amor que sentimos por Dios. Si nuestro corazón ama alguna otra cosa, tarde o temprano sufriremos pérdida. Mucha gente que ama el dinero es, a la postre, "mordida" por él. Muchos de los que aman a otros son, al final, traicionados por ellos. La Biblia nos dice que solamente los que aman a Dios han probado, verdaderamente, la dulzura. Salmos 43:4 dice: "Entraré al altar de Dios, al Dios de mi alegría y de mi gozo". Para aquellos que de corazón se vuelven a Dios, Dios es su gozo. Hay quienes aman tanto a Dios, que sólo el escuchar Su nombre les hace sentir como si hubiesen recibido una descarga eléctrica. Es esta clase de corazón, un corazón entregado a El, lo que Dios desea.

Sin embargo, una vez que volvemos nuestro corazón a Dios y estamos dispuestos a vivir para Dios, surgirá un problema. Si una persona tiene amor, también tendrá opiniones. Podemos usar, a manera de ejemplo ilustrativo, la ocasión en la que visité cierto lugar donde los santos me amaban mucho. Cada vez que ellos comían, les gustaba echar aceite de ajonjolí en todas sus comidas, ya sean sopas u otra clase de platillo. Por tanto, cuanto más añadían aceite de ajonjolí en mi plato, más afectuosa era la bienvenida que me brindaban. Pero a mí no me gustaba el aceite de ajonjolí; de hecho, hasta su aroma me resultaba insoportable. No obstante, en aquella ocasión no tenía otra alternativa que ingerirlo debido a que al visitar cualquier lugar, los que laboramos para el Señor debemos ser regidos por un principio, a saber, comer lo que la gente nos sirva. Estos santos no sólo ponían aceite de ajonjolí en toda mi comida, sino que además, ya sea que durmiese o saliese a la calle, se aseguraban siempre de que uno de los hermanos me acompañase. Como resultado de ello, nunca pude descansar bien o pasar un tiempo a solas con Dios. Ellos verdaderamente me amaban mucho; pero esta clase de amor era insoportable.

NEGARNOS A NOSOTROS MISMOS

Este ejemplo nos muestra que, si bien una persona ama a Dios, también actúa conforme a sus propias opiniones y propuestas; y una vez surgen tales opiniones y propuestas, esa persona le causará sufrimientos a Dios. Por ejemplo, si alguien nos amara en conformidad con su propia opinión y nunca prestara atención alguna al sentir nuestro, esta clase de amor sólo nos hará sufrir. En Mateo 16, Pedro hizo exactamente esto. Era correcto que él amara al Señor, pero las buenas intenciones que él manifestó al reprenderlo estaban erradas. Su buen corazón era correcto, pero sus buenas intenciones no estaban en lo correcto. Lo que Dios desea es el corazón del hombre, mas no sus opiniones. ¿Ama usted a su esposo? El secreto del amor está en que uno no haga las cosas conforme a sus propias intenciones y deseos, sino conforme a las intenciones y deseos del otro. Si aquellos santos que me amaban tanto realmente hubieran sabido qué es el amor, ellos habrían preguntado si me gustaba el aceite de ajonjolí y no habrían insistido en ponerlo en mi comida. En Mateo 16 vemos que Pedro tenía buenas intenciones; sin embargo, el Señor le dijo: "¡Quítate de delante de Mí, Satanás!" (v. 23). Hoy en día, son muchas las personas que aman al Señor y tienen celo por El, pero sus buenas intenciones nunca han sido quebrantadas por el Señor. Ellos echan fuera demonios en el nombre del Señor, pero el Señor no los aprueba porque actúan según sus propias intenciones y preferencias, y no en conformidad con las intenciones y preferencias del Señor. Ellos no toman en cuenta lo que Dios prefiere, sino las preferencias del hombre.

Por eso, el Señor dijo: "Si alguno quiere venir en pos de Mí, niéguese a sí mismo, y tome su cruz, y sígame" (v. 24). Desechar el yo es negarnos a nosotros mismos. La función que cumple la cruz es la de dar muerte al yo. En muchas ocasiones, si no amamos mucho al Señor, no tendremos muchos problemas; pero, cuanto más le amamos, más sufrimientos experimentaremos. Cuando aquellos santos me daban aquel aceite, me fue posible no decir nada; sin embargo, un día, ese acto de "dar aceite de ajonjolí", habrá de ser quebrantado por Dios. Yo no sufrí por causa del amor que ellos me tenían, sino debido a sus opiniones. Tenemos que darnos cuenta de que la cruz elimina nuestras opiniones. La vida y obra del hombre caído ha estado siempre dirigida por su manera de pensar, y si esta manera de pensar es férrea, se convierte en su opinión. Debido a la caída, la opinión humana se ha convertido en el factor dominante que dirige la vida del hombre y sus acciones.

El hombre, con su corazón, ama al Señor; sin embargo, su manera de pensar no ha sido quebrantada por el Señor. Por ello, Dios siempre tiene que quebrantarnos. Algunas personas están dispuestas a aceptar dicho quebrantamiento, mientras que otras, apenas sufren una contrariedad, se echan para atrás. Por ejemplo, algunas hermanas verdaderamente aman al Señor y están dispuestas a servir cuidando el local donde se reúne la iglesia. Pero una vez que el corazón de ellas ha sido despertado, sus opiniones surgirán. Un ejemplo de esto es la limpieza de las sillas del salón de reuniones; aun para ejecutar un servicio así, si son dos las hermanas que lo realizan, habrá dos opiniones distintas. Una de ellas dirá que quiere limpiar las sillas con un paño seco, mientras que la otra insistirá en usar un trapo húmedo. Finalmente, aquella que sugirió utilizar un paño seco dirá: "Muy bien. Si tú insistes en que tu opinión es la correcta, me iré. Puedes limpiar las sillas sola". Esta hermana, ¿ama verdaderamente la iglesia? Por supuesto que sí. Pero si ella ama la iglesia, ¿por qué se fue? Se fue porque la otra hermana no limpió la silla conforme a la opinión que ella tenía. Las opiniones se pueden convertir en un gran problema, incluso cuando se trata de predicar el evangelio. Todos los santos fervientes están dispuestos a unirse a los equipos que predican el evangelio. No obstante, un hermano dirá que el tambor del evangelio debe tocarse a su manera, y si los demás no aceptan su opinión, no regresará más. Todos debemos aprender la lección de que para cualquier servicio que realicemos, tenemos que aportar nuestro corazón, pero no nuestras opiniones.

El servicio en la iglesia no depende de que se lleven a cabo ciertas tareas, sino de que aquel que sirve sea perfeccionado. El tiempo es un siervo de Dios. Por consiguiente, es necesario que todos aceptemos la disciplina de Dios mientras estemos a tiempo, de tal modo que seamos la clase de persona que Dios desea. Al predicar el evangelio y al laborar, todo depende de cuánto quebrantamiento hayamos recibido. Aquellas hermanas que limpiaban las sillas pueden servirnos de ejemplo. La hermana designada como responsable de que se cumpla aquella tarea quizás no sea tan buena como usted, puesto que usted es una persona muy inteligente y capaz. Quizás la opinión de usted sea muy buena, así que, si las hermanas no le hacen caso, usted no regresará. Si éste es el caso, usted no sólo no sabe cómo hacer las cosas, sino que ni siquiera sabe cómo conducirse debidamente como ser humano. La lección de la cruz consiste en que, aun cuando es posible que mi opinión sea la correcta, no le hago caso; lo único que sé, es que amo al Señor. Cuando vengo a limpiar las sillas, también vengo dispuesto a desechar mis propias opiniones e inclinaciones naturales. Si usted ama a su esposo, y en el hogar su esposo la ama al extremo de permitirle colocar las sillas boca abajo, entonces, será difícil que en ese entorno usted sea quebrantada. La función más importante que cumple la cruz es la de quebrantar nuestras propuestas, nuestras opiniones y nuestro propio ser.

En asuntos relacionados con el servicio, frecuentemente hacemos las cosas según nuestra propia opinión. Además, cuanto más amamos al Señor, más opiniones tenemos. La carne está escondida en nuestro amor por el Señor. ¿Cómo sabemos esto? Lo sabemos porque nuestra carne se esconde en nuestras opiniones, y nuestras opiniones son, en realidad, veneno cubierto de azúcar. Cuando las personas no aceptan nuestras opiniones, la carne se manifiesta inmediatamente. Si hicimos algo bien y los demás insisten en decir que no lo hicimos bien, nuestra carne se manifestará inmediatamente por medio de nuestras reacciones airadas. Todos somos iguales. Antes de pedirle a alguien que nos ayude, esta persona no tiene ninguna opinión; sin embargo, tan pronto le pedimos que nos ayude, todas sus opiniones le acompañarán. Donde hay amor, hay opiniones. Pero cada vez que opinamos, Dios quebranta nuestra opinión. Algunas personas, debido a que temen que Dios las quebrante, dejan de mostrar su amor. Una vez había un hermano que amaba al Señor y que estuvo dispuesto a ofrecer su dinero y su esfuerzo a la iglesia, pero los hermanos con los que se reunía no eran muy amables con él. Esto lo desanimó. Quizás, en lo que concierne al servicio, estos hermanos se habían equivocado, y es probable que este hermano tuviera la razón; sin embargo, en lo concerniente a su persona, el Señor quería quebrantarlo por medio de los hermanos.

Cuando leemos los cuatro evangelios vemos que a Pedro le gustaba opinar y siempre cometía errores. Mateo 17 narra que un día el Señor y sus discípulos fueron a Capernaum. Estando el Señor dentro de la casa, los que cobraban los impuestos para el templo se acercaron a Pedro y le preguntaron: "¿Vuestro Maestro no paga el impuesto para el templo?". Pedro, sin dudar un instante dijo: "Sí". Aquí vemos que él dio su opinión, abandonando así su posición de discípulo. El debía haber entrado en la casa para preguntarle al Señor si El pagaba los impuestos del templo. Pedro no le preguntó al Señor, sin embargo dijo "sí". Así que, cuando entró en la casa, el Señor le preguntó: "Los reyes de la tierra, ¿de quiénes cobran los tributos o los impuestos? ¿De sus hijos, o de los extraños?". Pedro respondió: "De los extraños". Entonces el Señor le dijo: "Luego los hijos están exentos" (vs. 24-26). Sin embargo, para no hacer tropezar a los demás, el Señor pagó los impuestos. Cuando Pedro decía "sí", el Señor decía "no"; y cuando Pedro decía "no", el Señor decía "sí". El Señor lo hacía intencionalmente para disciplinar a Pedro. Además, ¿cómo consiguieron pagar los impuestos? La manera en que consiguieron pagar los impuestos fue que el Señor mandó a Pedro que fuese a pescar. Esto dejó a Pedro verdaderamente perplejo. El Señor le dijo a Pedro que abriera la boca del primer pez que atrapara, tomara el estatero que allí encontraría y lo usara para pagar los tributos (v. 27). Esto encierra un gran significado. Si yo hubiera sido Pedro, me habría quedado perplejo. ¿Por qué el Señor disciplinaba a Pedro de esa manera? El Señor lo hacía principalmente para dar fin a las opiniones de Pedro, porque Pedro siempre se adelantaba a hablar. No obstante, en Hechos, vemos que Pedro había sido quebrantado. Para ese tiempo, la disciplina que Pedro había recibido lo había despojado de todas sus opiniones. Cuando los gobernadores del pueblo se acercaron, y tomaron aparte a Pedro y a Juan y les prohibieron que predicaran en el nombre de Jesús, Pedro les dijo que aunque ellos le pidieran que no hablara, si Dios se lo pedía, él tendría que hablar (Hch. 4:18-20). El corazón de Pedro y su manera de pensar habían sido tocados por Dios.

En el Antiguo Testamento, puesto que el rey David vivía en una casa de cedro, a él le pareció que debía prepararle un santuario a Dios. Así pues, puso el arca de Dios sobre un carro tirado por bueyes y la sacó de la casa de Abinadab en Baala de Judá para llevarla a la ciudad de David. En el trayecto, al llegar a la era de Nacón, los bueyes tropezaron y el arca se tambaleó, así que Uza extendió su mano para sostenerla. Cuando hizo esto, fue herido por Dios. Después que Uza murió, David se preguntaba en qué había fallado. Más tarde, él pudo ver que eso sucedió porque a Dios no le agrada el esfuerzo del hombre. Como resultado de ello, la siguiente vez David hizo que los sacerdotes transportaran el arca de Jehová; cuando habían andado seis pasos, David sacrificó un buey y un carnero engordado, se ciñó con un efod de lino y danzó con todas sus fuerzas delante de Jehová (2 S. 6:1-15). Esta historia nos muestra que Dios rechaza los pensamientos y la habilidad del hombre.

UNA VEZ QUE HEMOS SIDO QUEBRANTADOS, AMAMOS AL SEÑOR DE MANERA SENCILLA

La noche que el Señor les dijo a sus discípulos que habrían de tropezar por causa de El, Pedro le dijo al Señor: "Aunque todos tropiecen por causa de Ti, yo nunca tropezaré" (Mt. 26:33). Inmediatamente después de haber dicho esto, Dios expresamente preparó ciertas circunstancias a fin de terminar con el orgullo de Pedro. Cuando prendieron al Señor, Pedro le siguió de lejos, y mientras el Señor era torturado cruelmente por el sumo sacerdote, Pedro se calentaba alrededor de una fogata en el patio. Mientras estaba allí, una criada se le acercó y le dijo: "Tú también estabas con Jesús el galileo" (v. 69). Pedro negó esto inmediatamente. Aquella noche se cumplió lo que había dicho el Señor: que Pedro lo negaría tres veces. Por medio de semejante experiencia, Pedro fue disciplinado y afligido a lo sumo. Posteriormente, Pedro se fue a pescar.

Después que el Señor fue resucitado, se manifestó a Pedro junto al mar de Tiberias y le dijo: "¿Me amas?". Esta vez

Pedro no le respondió directamente al Señor diciéndole: "Te amo", sino que más bien le dijo: "Sí, Señor; Tú sabes que te amo" (Jn. 21:16). Si bien Pedro amaba al Señor, él se daba cuenta de que sus palabras no tenían valor alguno. Así que, cuando el Señor le preguntó por tercera vez: "Simón, hijo de Jonás, ¿me amas?". Pedro se entristeció y le respondió: "Señor, Tú lo sabes todo; Tú sabes que te amo" (v. 17). Para entonces, Pedro verdaderamente había perdido toda confianza en sí mismo. El amaba mucho al Señor, pero ya no confiaba en sí mismo. Anteriormente él había dicho, osadamente, que no tropezaría, y sin embargo, tropezó tres veces en un mismo día. Ese día, junto al mar de Tiberias, el hecho de que el Señor le preguntara tres veces: "¿Me amas?", ciertamente tenía un significado muy especial. En aquel día en que negó al Señor, Pedro estaba calentándose alrededor de una fogata en el patio del sumo sacerdote, pero este día, el Señor había preparado una fogata para él a orillas del mar de Tiberias. Anteriormente, Pedro había salido a pescar para ganar su sustento; pero ahora el Señor le dio pescado para comer. Antes, Pedro mismo tenía que preparar la fogata, pero ahora el Señor lo hizo para él; antes, Pedro mismo tenía que pescar para ganarse el sustento, pero ahora el Señor le cocinó un pescado para que comiera. Junto al mar de Tiberias, el Señor se presentó personalmente para tocar el corazón de Pedro, y una vez que el amor del Señor vino a él, se desvaneció todo el poder natural de Pedro.

Sin embargo, cuando Pedro vio al discípulo a quien el Señor amaba, que se había reclinado sobre el pecho del Señor, su opinión volvió a surgir y le preguntó: "Señor, ¿y qué de éste?" (v. 21). Al responderle, el Señor lo disciplinó nuevamente, diciéndole: "Si quiero que él quede hasta que Yo venga, ¿qué a ti? Sígueme tú" (v. 22). Antes de decirle esto, el Señor le había dicho a Pedro: "Cuando eras más joven, te ceñías, y andabas por donde querías; mas cuando ya seas viejo, extenderás tus manos, y te ceñirá otro, y te llevará adonde no quieras" (v. 18). El Señor no quería que Pedro fuera distraído por la manera en que otros se comportaban, sino que simplemente debía seguirlo a El. Esta fue la última disciplina que Pedro recibió. Pedro fue quebrantado con respecto a su carne y manera de pensar, de modo que fue despojado de sus opiniones y del yo. Por tanto, el día de Pentecostés, Pedro no era el mismo de antes; era una persona absolutamente distinta. Incluso cuando la gente quería impedirle dar testimonio del Señor, Pedro persistió en hacerlo. En Pedro, ya no se encontraba rastro alguno de su viejo yo. Finalmente, la voluntad de Dios quebrantó la voluntad de Pedro, y la muerte de la cruz subyugó sus opiniones y sus fuerzas. Se dice que Pedro incluso estuvo dispuesto a ser crucificado cabeza abajo por causa del Señor.

Witness Lee nació en 1905 en el seno de una familia cristiana al norte de China. A la edad de diecinueve años fue plenamente cautivado por Cristo y de inmediato dedicó su vida a predicar el evangelio. Poco después de comenzar a servir al Señor, conoció a Watchman Nee, un renombrado predicador, maestro y escritor cristiano. Witness Lee laboró junto con él y bajo su dirección. En 1934 Watchman Nee confió a Witness Lee la responsabilidad de la Librería evangélica de Shanghai, la cual publicaba sus escritos.

En 1949, antes de que el régimen comunista se estableciera en China, Watchman Nee y sus colaboradores enviaron a Witness Lee a Taiwan para que no se perdiera lo que el Señor les había encomendado. Watchman Nee encargó a Witness Lee que continuara la obra de publicación por medio de la Librería evangélica de Taiwan, la cual es reconocida públicamente como la editora de las obras de Watchman Nee fuera de la China. La labor de Witness Lee en Taiwan manifestó la abundante bendición del Señor. Comenzando con un grupo de 350 creyentes, la mayoría de los cuales había huido de la China continental, las iglesias en Taiwan llegaron a 20,000 miembros en cinco años.

En 1962 Witness Lee fue guiado por el Señor a mudarse a los Estados Unidos y se radicó en California. Durante sus 35 años de servicio en dicho país, dio miles de mensajes en reuniones durante la semana y en conferencias los fines de semana. Una gran parte de sus mensajes se ha publicado en más de 400 libros, muchos de los cuales han sido traducidos a más de catorce idiomas. Dio su última conferencia en febrero de 1997 a la edad de 91 años.

Witness Lee deja como legado una amplia presentación de la verdad contenida en la Biblia. Su obra principal, *Estudio-vida de la Biblia*, consta de más de 25,000 páginas de explicaciones sobre todos los libros de la Biblia, desde la perspectiva del disfrute y la experiencia que el creyente tiene de la vida de Dios en Cristo por medio del Espíritu Santo. Witness Lee fue el editor principal de una nueva traducción del Nuevo Testamento al chino, y dirigió la traducción del mismo al inglés. La Versión Recobro también ha sido traducida a otros idiomas, incluyendo el español, y contiene un cuerpo extenso de notas de pie de página, bosquejos y citas paralelas. Los mensajes de Witness Lee se transmiten por la radio en numerosas emisoras cristianas en los Estados Unidos y en otros países. En 1965 Witness Lee fundó Living Stream Ministry, una corporación sin ánimo de lucro radicada en Anaheim California, la cual difunde oficialmente el ministerio de Witness Lee y Watchman Nee.

El ministerio de Witness Lee se centra en la experiencia que el creyente tiene de Cristo como vida y en la unidad práctica de los creyentes como Cuerpo de Cristo. Con este énfasis, él guió a las iglesias que estuvieron bajo su cuidado a crecer en la vida y el servicio cristiano. Fue firme en su convicción de que Dios no se complace en el sectarismo, sino que tiene como meta producir el Cuerpo de Cristo. En respuesta a dicha convicción, los creyentes simplemente empezaron a reunirse como la iglesia en sus localidades. En años recientes, numerosas iglesias han sido establecidas en Rusia y en varios países de Europa.